교양 있는 여행자를 위한

내 손안의
스페인사

단숨에 읽는 스페인 역사 100장면

교양 있는 여행자를 위한

내 손안의 스페인사

단숨에 읽는 스페인 역사 100장면

지은이 **나가타 도모나리, 히사키 마사오**　　옮긴이 **한세희**

FROM. **SEOUL**　　　FLIGHT.　　　SEAT.
TO. **MADRID**　　　HI1222　　　34A

★★★ 들어가며 ★★★

스페인사를 조망하다

스페인의 역사는 한마디로 '복잡다단'합니다. 예로부터 다양한 민족이 오가고 여러 지역과 종교가 서로 뒤엉켜 이합을 반복했던 탓에 한 치 앞도 예측할 수 없는 전개가 펼쳐졌기 때문입니다. 스페인은 유럽에 속한 나라이면서도 다른 유럽 국가들과는 상식이 통하지 않는 독특한 면이 있습니다. 하지만 복잡하다고 해서 배우기를 포기할 수는 없죠! 스페인사는 복잡한 만큼 더 재미있고 자극적입니다. 이 책은 모처럼 스페인 역사에 흥미를 느낀 여러분이 이 점을 알게 되었으면 하는 마음을 담아 펴냈습니다. 여러분의 지적 호기심을 유발하고 충족할 수 있다면 매우 보람 있을 것입니다.

나가타 도모나리, 히사키 마사오

알수록 놀라운!
스페인의 4가지 비밀

스페인사를 처음 접하는 당신에게 의외의 사실을 소개합니다!

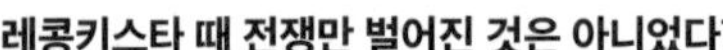

비밀 1

레콩키스타 때 전쟁만 벌어진 것은 아니었다?

약 800년간 오랜 전투가 이어진 이베리아반도에서는 기독교도, 이슬람교도, 유대교도, 그리고 개종자 사이에 팽팽한 긴장 관계가 이어졌지만, 그 덕분에 풍부한 문화가 탄생했습니다.

→ 자세한 내용은 **54** 페이지로

비밀 2

'태양이 지지 않는 나라'는 사실 가난했다?

16세기 후반의 스페인은 '태양이 지지 않는 나라'라고 불릴 만큼 번영한 나라였지만, 실은 큰 빚을 지고 있었고 17세기에는 외국과의 전쟁과 국내의 반란으로 혼란스러운 상태였습니다.

→ 자세한 내용은 **101** 페이지로

'스페인 독감'의 발생지는 스페인이 아니다?

제1차 세계대전 중, 다른 유럽 국가들과 달리 스페인에서는 전 세계에 퍼진 이 유행병에 대한 보도 규제가 심하지 않았습니다. 게다가 국왕이 중병에 걸린 사실이 널리 알려지는 등의 악재가 겹친 탓에 병명에 '스페인'이 붙게 되었습니다.

→ 자세한 내용은 **160** 페이지로

스페인은 세계대전에 한 번도 공식적으로 참전하지 않았다?

스페인은 유럽의 여러 나라 중에서도 제1차 세계대전과 제2차 세계대전, 공식적으로 두 대전에 모두 참전하지 않은 보기 드문 나라 중 하나입니다.

→ 자세한 내용은 **159** , **181** 페이지로

자, 그럼 스페인의 역사 속으로 떠나 봅시다!

✈ 목차

✳ Chapter 1 ✳ 이베리아반도는 누구의 것?

✦ Chapter 2 ✦ 레콩키스타의 경위

✷ **Chapter 3** ✷ **태양이 지지 않는 나라**

✳ Chapter 4 ✳ 합스부르크가에서 부르봉가로

라스 벤타스(투우 경기장)

마드리드에 있는 스페인 국내 최대급의 투우장. 1931년에 완성되었으며 수
용 인원은 2만 3,798명이다. 아레나의 직경은 약 60미터에 달하며, 투우박
물관도 함께 있다. 1994년에는 스페인 중요문화재로 등록되었다.

구엘 공원

안토니 가우디가 만든 작품 중 하나. 1984년에
세계유산으로 등록되었다. 색채가 화려한 도기
와 타일 파편이 붙어 있으며, 파도치는 벤치와
독특한 형태의 건물 등이 있다.

다양성의 나라

스페인을 생각하면 여러분은 어떤 이미지가 떠오르나요? 격렬한 춤과 연주로 사람들을 매료시키는 플라멩코, 용감한 투우사에게는 아낌없는 박수를 보내는 투우, 축구를 좋아한다면 레알 마드리드와 FC 바르셀로나의 대결인 '엘 클라시코[1]'를 떠올리는 사람도 있을 것입니다. 세르반테스, 고야, 피카소, 가우디, 카잘스 같은 이름과 함께 그들의 작품을 떠올리기도 할 것입니다. 만약 당신이 미식가라면 파에야나 감바스 알 아히요 같은 요리 이름도 생각날 것입니다. 전부 맞는 이야기지만, 이들 모두 어디까지나 스페인이 가진 다양한 측면 중 하나를 보여 줄 뿐입니다. 스페인은 여러분이 생각하는 것 이상으로 다양성이 돋보이는 나라입니다.

스페인을 흔히 지중해성 기후라고 하지만, 이는 지중해에 면하고 있으며 드넓은 오렌지밭이 펼쳐진 동부 지방만의 특징입니다. 칸타브리아해에 면한 북부는 비가 많이 내리는 해양성 기후이고, 수도인 마드리드가 있는 카스티야 지방 등 내륙부는 여름과 겨울, 낮과 밤의 일교차가 큰 대륙성 기후입니다.

게다가 스페인에는 다른 언어를 사용하는 지역도 있습니다. 일반적으로 '스페인어'라고 부르는 것은 엄밀하게 말하면 '카스티야어'입니다. 그 외에 카탈루냐어, 갈리시아어, 바스크어 등 적어도 세 개의 언어가 있으며, 모두 카스티야어의 방언이 아닌 독자적인 언어입니다. 그중 독립운동으로 잘 알려진 카탈루냐는 바르셀로나가 있는 지역으로, 피카소와 가우디, 카잘스 등이 이 지역 출신입니다.

---

1 El Clásico, 스페인어로 전통적인 승부라는 뜻. 카탈루냐어로는 El Clàssic, 엘 클라식이라고 한다.

오늘날의 스페인

면적: 약 50.6만㎢
인구: 약 4,894만 명
마드리드 인구: 약 334만 명

※ 출처: 주스페인 대한민국 대사관 홈페이지(2024년 12월 기준).

역사적으로는 약 800년이나 이어진 레콩키스타의 시대가 있습니다. 스페인에서는 기독교, 이슬람, 그리고 유대교라는 세 개의 종교가 융합하여 풍부한 문화를 낳았습니다. 이후 기독교 국가가 된 스페인 왕국에서도 이슬람이나 유대교에서 기독교로 개종한 사람들이 사회의 다양성을 형성했습니다. 이러한 요소는 여러 유럽 국가 중에서도 스페인만의 고유한 특징입니다. 이제 본격적으로 스페인의 매력에 빠져들기 위해 이 '다양성의 나라'가 간직한 역사를 찬찬히 풀어 봅시다.

이베리아반도는 누구의 것?

이베리아반도에는 지금으로부터 약 50만 년 전부터 인류가 살았던 흔적이 있습니다. 구석기 시대의 가장 유명한 유적은 알타미라 동굴입니다. 소나 말 등의 동물이 선명하게 그려져 있는 벽화가 있는데, 약 1만 5,000년 전에 크로마뇽인이 새긴 것이라고 합니다. 기원전 2500년 무렵에는 청동기 문화가 있었으며 농경이 정착되었습니다. 이때부터 관개灌漑(수로를 만들어 논밭에 물을 대는 것)를 하거나 포도나 올리브를 재배하고, 말도 기르기 시작했습니다.

기원전 1000년 무렵, 각지에서 다양한 민족이 이베리아반도로 넘어와 살기 시작했습니다. 이베리아반도 남부에는 중동에서 넘어온 페니키아인이 살았습니다. 그들은 은 광산을 개발하기 위해 정착하였고 현재의 레바논을 중심으로 하는 지중해와 교역하기 위해 항로를 개발하고 활발한 경제 활동을 펼쳤습니다. 이후, 페니키아인은 쇠퇴하고 그 자손들이 북아프리카에 카르타고를 건국했으며 안달루시아 지방(현재 이베리아반도 남부)을 지배했습니다.

이베리아반도 북동부에서부터 현재의 프랑스 남부 해안에는 그리스인이 식민시植民市라고 불리는 도시를 형성했습니다. 그리스인 식민시와 그리스 본토 사이에는 항로가 연결되어 있었는데 대표적인 마을은 리옹만灣에 면한 마실리아Massilia(현재 프랑스의 마르세유)였습니다.

　이처럼 여러 민족이 거쳐 간 이베리아반도에는 주로 북아프리카에서 이주한 것으로 보이는 이베리아인이 반도 남부와 동부에, 그리고 피레네산맥을 넘어 북쪽에서 침입해 온 켈트족이 반도 서부와 중부에 각각 정착했습니다. 그리고 그들은 점차 융합하여 켈티베리아 문화를 형성했습니다.

이베리아반도 남부를 거점으로 한 카르타고는 이탈리아반도를 거점으로 세력을 넓힌 로마와 시칠리아섬을 두고 다투었으나 패배했습니다(제1차 포에니 전쟁). 경제 활동의 주요 거점인 시칠리아섬을 잃은 카르타고는 대신 이베리아반도 중부에서부터 동부에 걸쳐 세력을 넓혀 나갔고, 카르타고 노바(현재의 스페인 남동부 카르타헤나)를 수도로 권익 확보에 박차를 가했습니다.

기원전 218년에는 한니발이 이끄는 카르타고군이 이베리아반도에서 알프스산맥을 넘어 이탈리아반도에 상륙했습니다(제2차 포에니 전쟁). 칸나에 전투 등에서 로마군을 연이어 격파한 한니발은 로마를 멸망 바로 직전까지 내몰았지만, 도중에 로마가 장기전으로 방침을 바꾸는 바람에 더는 손쓸 방법이 없어졌습니다.

한니발의 동생인 하스드루발이 이베리아반도의 방위를 지휘하며 로마군의 침공을 저지했지만, 결국 로마의 대 스키피오가 활약하여 수도 카르타고 노바는 함락되었습니다. 기원전 202년에는 대 스키피오가 한니발을 격파했고 제2차 포에니 전쟁은 그 이듬해에 로마의 승리로 끝났습니다. 이렇게 해서 이베리아반도를 지배한 카르타고의 시대는 막을 내리고 로마인에 의한 지배가 시작되었습니다.

이베리아반도의 로마화

기원전 197년 로마인은 이베리아반도에 속주屬州 히스파니아Hispania를 설치했습니다. 이는 이후 '스페인(에스파냐)'의 어원이 되었습니다. 로마군은 히스파니아 각지로 퍼져 도시를 건설했고, 이때부터 이베리아반도의 로마화가 진행되었습니다. 그러나 켈티베리아인이나 루시타니아인과 같은 선주민들의 격렬한 저항 운동이 발생했고, 이 저항은 제2차 포에니 전쟁이 종결되고 약 80년이 지나서야 끝이 났습니다. 이후, 공화정을 거치고 제정帝政이 된 로마의 정치를 '팍스 로마나Pax Romana(로마에 의한 평화)'라고 부릅니다. 이 시절에 히스파니아는 크게 발전했습니다.

로마 제국 시절, 히스파니아는 아주 작은 속주들로 이루어져 있

7속주 시대의 히스파니아

었습니다. 속주의 수는 조금씩 변했는데, 초기에는 히스파니아·시테리오르와 히스파니아·울테리오르, 이렇게 두 곳이었습니다. 그러나 7개의 속주 시대에는 북동부 지방의 타라코넨시스주, 남동부의 카르타기넨시스주, 남부의 바이티카주, 남서부의 루시타니아주, 북서부의 갈라이키아주, 이렇게 다섯 개의 속주가 이베리아반도에 있었고 이 속주들은 각 속주의 총독이 통치하였습니다.

로마인 총독의 지배하에 농업과 광업이 크게 발전했으며 도시도 번영했습니다. 비아 아우구스타Via Augusta라는 거리를 시작으로 수도교水道橋나 다리, 극장이나 투우장, 광장과 성벽 등 현재도 역사적으로 남아 있는 시설들이 갖춰졌습니다. 1세기 후반의 베스파시아누스 황제 시절부터는 히스파니아에서도 유력자에게 로마 시민권을 부여했고, 그들은 포도나 올리브 농원을 경영하면서 공공 건축 등을 담당했습니다.

히스파니아는 로마 제국에서도 활약한 인재들을 많이 배출했습니다. 예를 들어 로마 제국의 최고 전성기를 이끌었던 다섯 명의 황제 중 트라야누스와 하드리아누스는 히스파니아 출신이었습니다. 황제 네로의 스승인 철학자 세네카, 시인인 루카누스, 수사학자인 퀸틸리아누스 등도 히스파니아 출신입니다.

1세기 무렵, 히스파니아에 기독교가 들어왔습니다. 원래 로마 제국은 고대 오리엔트나 고대 그리스, 고대 이집트 등 다양한 지역의 신을 받아들여 믿는 다신교의 나라였습니다. 그래서 하나의 신만을 인정하는 일신교인 기독교는 오랜 세월 금지되었습니다. 하지만 로마 제국 영내의 각지에서 기독교가 퍼졌고 3세기 말에는 히스파니아 전 지역으로도 퍼져나갔습니다.

결국 기독교는 313년 콘스탄티누스 황제에 의해 용인되었습니다. 심지어 392년에는 테오도시우스 황제에 의해 국교가 되었고, 기독교는 로마 제국 내에서 믿어도 되는 유일한 종교가 되었습니다. 이 이후부터 기독교는 이베리아반도의 역사와 깊은 관계를 맺기 시작했습니다.

게르만 민족의 유입

유목민인 훈족은 375년에 동방에서 유럽으로 넘어왔습니다. 그들의 압박으로 동유럽에 살던 게르만 민족은 서쪽으로 이동하기 시작했고, 이것이 바로 '게르만 민족의 대이동'입니다. 히스파니아에 게르만의 모든 민족이 온 것은 409년이었습니다. 반달족과 알란족, 수에비족이 갈리아(현재의 프랑스)를 거쳐 히스파니아로 침입했고, 그 결과 히스파니아의 치안은 크게 흔들렸습니다. 이 문제를 해결하기 위해 로마 제국은 그들에게 토지를 나누어 준 뒤, 제국을 방위하는 '동맹자'라 칭하고 정주를 허락했습니다.

그러던 415년, 서고트족이 정주지를 찾아 남갈리아에 도착합니다. 서고트족의 실력자였던 발리아는 로마 황제 호노리우스에게서 반달족을 물리치면 정주지를 주겠다는 약속을 받았습니다. 그리고 이듬해인 416년 로마 제국과 서고트족의 연합군이 이베리아반도에 들어와 반달족을 공격했습니다. 그 결과 429년에 반달족, 그리고 마찬가지로 공격을 받은 알란족은 이 두 민족의 왕인 게이세리쿠스 치하에 히스파니아 남부에서 바다를 건너 북아프리카로 도망쳤습니다. 이렇게 반달족을 토벌한 서고트족은 로마 제국에게서 아퀴타니아 지방(현재 프랑스 남서부)의 일부를 받고 정주도 허락받았습니다. 한편, 수에비족은 이베리아반도 북동부에 수에비 왕국을 건국했고 585년에 서고트 왕국에 병합될 때까지 150년 정도 존속했습니다.

게르만 민족의 침입 루트

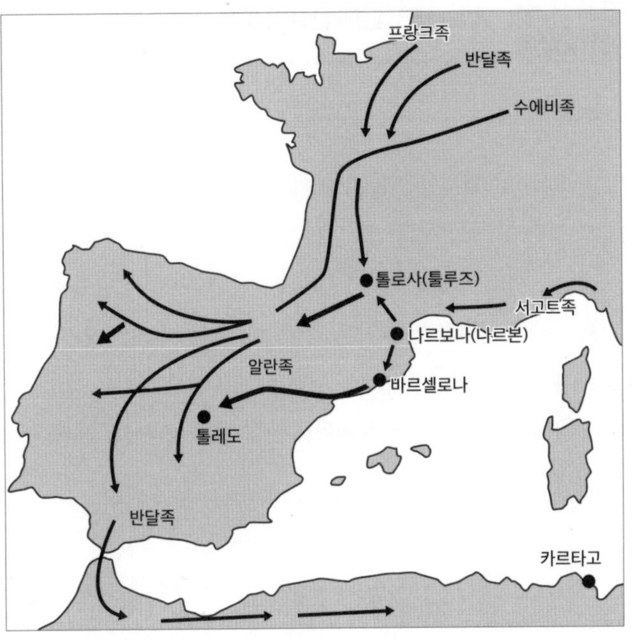

서고트족의 발리아는 톨로사(현재 프랑스 남서부에 있는 툴루즈)를 수도로 정하고 418년에 서고트 왕국을 건국했습니다. 에우리크 왕 시대에는 서로마 제국의 붕괴 시기와 맞물려 이베리아반도에서 서고트 왕국의 영토가 점점 커져 갔습니다. 그는 이베리아반도 각지로 군대를 보내 지역 대부분을 지배했습니다. 이윽고 서고트 왕국은 남갈리아 지역부터 이베리아반도 전역까지 지배하는 유력 국가로 성장했습니다.

5세기가 되어 프랑크족인 클로비스가 북갈리아에서 프랑크 왕국을 건국하면서 남갈리아의 서고트 왕국과 대립하는 형국이 되

500년 무렵 서고트 왕국 주변

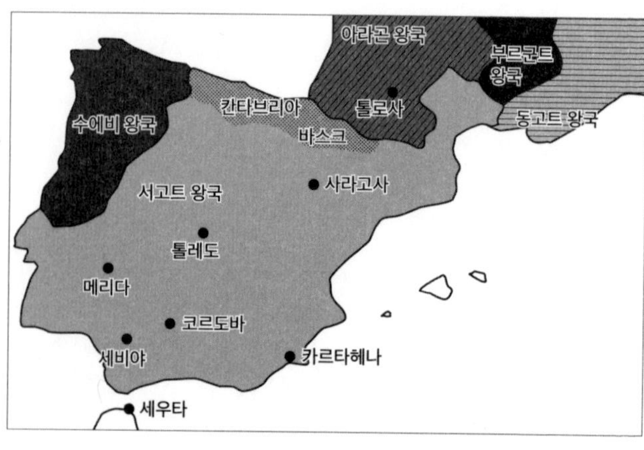

었습니다. 507년에 프랑크 왕국의 군 세력은 남갈리아로 쳐들어가 서고트 왕국의 군을 격파했습니다. 전투 중에 서고트 왕 알라리크 2세는 전사하고 남갈리아의 영토는 프랑크 왕국으로 넘어갔습니다. 살아남은 남갈리아의 서고트족은 이베리아반도로 도망쳤고, 이후 서고트 왕국의 영토는 이베리아반도만 남아 수도를 톨레도로 옮겼습니다.

알라리크 2세 사후, 서고트 왕국에서는 왕위를 둘러싼 전쟁이 발생했습니다. 서고트족에게는 '실력자가 왕이다'라는 전통이 있었기 때문에 강한 부하가 약한 왕을 쓰러뜨리는 것도 자연스러운 일이었습니다. 이런 이유로 왕이 끊임없이 교체되었고 정치는 혼란에 빠졌습니다. 그 후로 약 60년간의 불안정한 시기를 지나, 568년에는 유력자의 형제였던 리우바와 레오비길드가 함께 왕으로 즉위했습니다. 리우바 사후에는 레오비길드에 의해 서고트 왕국은 안정되었습니다.

초기 서고트 왕국은 소수인 고트족이 다수인 히스파노·로마인 (로마 제국 시대부터 히스파니아에 살던 사람의 자손)을 지배했다는 것이 큰 특징입니다. 고트족 귀족들은 왕국의 요지에서 대토지를 소유하는 등 막대한 부를 축적했습니다. 심지어 톨로사 대신 수도가 된 톨레도를 시작으로 각 지역에서 높은 지위를 가진 관직에 종사했고 왕위를 노리는 자도 있었습니다.

한편 일반 민중의 대부분은 히스파노·로마인으로 농업이나 공업 또는 사제 등 교회의 성직에 종사했습니다. 이외에 북부 산악지대와 해안가에는 바스크인이나 칸타브리아인 등 서고트 왕의 권력을 따르지 않는 민족이 생활 중이었습니다.

고트족과 히스파노·로마인은 종교도, 법률도 달랐습니다. 종교의 경우 고트족은 기독교의 한 종파인 아리우스파[2]를 믿었고 히스파노·로마인은 가톨릭을 믿었습니다. 법률을 보면 고트족은 '에우리크 법전[3]'이라는 독자적인 법률을 적용했지만, 히스파노·로마인은 로마 제국 시대의 로마법을 적용했습니다. 한 나라에 두 개의 법률 체계가 존재하고 민족에 따라 적용되는 법률이 다른 상태가 오래 이어졌습니다.

2 Arianism, 알렉산드리아교회의 사제 아리우스를 중심으로 형성된 그리스도교 일파로 예수 그리스도의 신성을 부인한 그의 주장을 교의로 삼았다.
3 서고트 법전의 다른 말이다.

　왕위를 이은 레오비길드는 선대 왕인 아타나길드의 부인과 재혼했습니다. 전 부인과의 사이에서는 헤르메네길드와 레카레드라는 두 아들이 있었습니다. 레오비길드는 이베리아반도 각 지역에 군사 원정을 적극적으로 보내 국가의 치안을 회복하고 왕국의 권력을 강화하려 했습니다. 또, 국내의 유력자를 탄압하고 로마 제국처럼 왕의 자리에 앉아 왕의 옷을 입고 본인의 모습을 새긴 독자적인 화폐를 유통했습니다.

　한편 레오비길드는 종교와 법체계의 차이로 인한 국가의 이중 구조를 해결하는 일에도 착수했고, 그 결과 고트족과 히스파노·로마인의 결혼도 가능해졌습니다. 그러나 이것만으로는 종교 문제

를 해결할 수 없었습니다. 이후, 이 문제는 헤르메네길드의 반란으로 번지게 됩니다. 일설에 의하면 헤르메네길드는 부인인 인군타의 설득으로 가톨릭으로 개종했다고 합니다. 그리고 동로마 제국에 군사 지원을 요청하고 세비야를 거점으로 아버지인 레오비길드에게 반기를 들었습니다. 이 반란 자체는 곧바로 진압되었지만, 이 일로 대다수의 히스파노·로마인이 헤르메네길드를 지지한다는 사실이 밝혀졌고 레오비길드는 서고트 왕국에서 아리우스파를 계속 믿는 건 어렵다는 사실을 깨닫게 되었습니다. 레오비길드는 586년, 서거하기 직전에 가톨릭으로 개종했다고 합니다.

레오비길드의 사후에 즉위한 레카레드는 스스로 가톨릭으로 개종했고, 589년에 톨레도에서 가톨릭 사제 등 종교 지도자에 의한 회의(제3회 톨레도 공의회)를 소집했습니다. 레카레드는 이 회의에서 서고트 왕국의 국교를 가톨릭으로 한다고 선언했고, 이로써 종교의 이중 구조를 해결했습니다.

한편, 서고트 왕국에는 도시부를 중심으로 유대교도(유대인)도 존재했습니다. 유대교도는 1세기 무렵부터 이베리아반도에 거주하고 있던 것으로 보입니다. 예수 그리스도가 유대교도에게 박해받아 죽었다고 여겨진 탓에, 기독교가 국교가 된 로마 제국 시대에 유대교도는 차별을 받았으며 노예 소유 등이 금지되었습니다. 서고트 왕국 시대가 되어서 이 금지 사항은 없어졌고 유대교도는 독자적인 네트워크를 만들어 활발한 경제 활동을 했습니다.

그러나 서고트 왕국이 가톨릭화되자 상황은 달라졌습니다. 589년 제3차 톨레도 공의회에서 유대교도의 노예 소유나 기독교도 등과의 결혼이 금지되었고 이를 계기로 유대교도에게 기독교로 개종하길 강요하는 등, 유대교도에 대한 탄압이 잇달아 발생했습니다. 693년의 제16차 톨레도 공의회에서는 기독교로 개종하지 않은 유대교도의 재산을 몰수하는 안이, 694년 제17차 톨레도 공의회에서는 유대교도를 노예화하는 안이 제출되었습니다.

종교의 이중성이 해소된 이후에도 아직 법체계의 이중 구조 문제는 남아 있었습니다. 법체계를 통일하고자 한 사람은 후대에 왕위에 오른 킨다수인트와 아들인 레케수인트였습니다. 레케수인트는 654년에 통일 법전인 '서고트 법전'을 완성했고, 이는 군주를 포함한 모든 민족이 지켜야 하는 유일한 법체계로 인정받았습니다. 서고트 법전은 서고트 왕국이 멸망한 뒤에도 계승되었고 중세 말기까지 '재판법Fuero Juzgo'이라 불리며 계속 사용되었습니다.

　　레케수인트가 672년에 서거한 뒤, 서고트 왕국은 다시 혼란의 시대를 맞이합니다. 이베리아반도 남쪽에 있는 북아프리카를 보니, 동로마 제국의 영토가 이슬람 세력에게 정복당한 상황이었습니다. 698년에는 도시 카르타고가 함락되었고 이제 이베리아반도에 이슬람 세력이 침입하는 건 시간문제였습니다. 그러나 이렇게 존망의 기로에 선 상황에도 서고트 왕국에서는 왕위를 둘러싼 전쟁이 이어졌습니다. 710년에 위트차 왕이 서거한 뒤 아들인 아길라(아킬라) 2세가 즉위했지만, 실력자인 로데리크가 반란을 일으켜 왕위를 빼앗았습니다. 아길라 2세는 왕위를 되찾기 위해 죽은 위트차 일파와 힘을 합쳐 로데리크와 싸웠지만, 결판이 나지 않았습니다.

　　이때 아길라 2세가 이슬람 세력의 힘을 빌리기로 합니다. 711년 우마이야 왕조가 다스리던 이프리키야(북아프리카 중서부) 지역의 총독인 무사는 아길라 2세의 요청을 받아들였고, 타리크 장군이 이끄는 약 7,000명에 달하는 북아프리카의 베르베르족 부대를 이베리아반도로 보냈습니다. 로데리크의 군대 세력은 구아달레테 지역에서 기습 공격을 계획했으나 실패했고 로데리크 자신도 전사했습니다. 타리크 장군이 이끈 이슬람군은 그대로 전진해서 사상자 없이 수도 톨레도를 함락시켰습니다. 서고트 왕국은 왕위 쟁탈을 위한 싸움 끝에 이슬람 세력에 쉽게 무너졌고 그대로 몰락했습니다. 그 이후에도 이슬람군은 이베리아반도의 주요 도시를 계속해서 공략

했고, 이베리아반도 대부분 지역이 이슬람 세력의 지배를 받게 되었습니다.

이슬람의 침입 경로

로마 스토아학파의 중심인물,
루키우스 안나이우스 세네카

이베리아반도 출생으로 후세의 사상과 문화에 영향을 주다

기원전 로마에서 성행한 그리스 철학의 한 학파인 스토아학파에서 가장 눈에 띄는 활약을 한 사람은 세네카입니다. 스페인 남부에 있는 코르도바에서 태어난 세네카는 황제 네로의 가정교사 등으로 일했습니다. 스토아학파의 이상적인 삶은 '자연에 복종하는 것'으로, 대자연에 몸을 맡김으로써 불안과 욕망을 없앨 수 있다고 생각했습니다. 이 사상은 세네카의 저서에도 잘 나와 있습니다. 그는 《인생의 짧음에 대하여》에서 '살아가는 것과 가장 멀리 떨어져 있는 것, 그것은 바로 바쁜 인간이다. 사는 것을 안다는 것은 가장 어려운 일이기 때문이다' 등의 말을 남겼습니다. 이 외에도 《도덕 편지》, 《아가멤논》, 《트로이아 여인들》 등을 집필했고 몽테뉴, 마키아벨리, 셰익스피어, 라신과 같은 후세의 저술가들에게 영향을 주었습니다.

레콩키스타의 경위

이슬람이 지배하던 이베리아반도는 다마스쿠스를 수도로 하는 우마이야 왕조의 통치를 받는 속주가 되어 '알안달루스Al-Andalus'라고 불렸습니다. '알안달루스'라는 말은 원래 이슬람 세력이 이베리아반도 전체를 지칭하기 위해 사용한 지리적 용어지만, 이 책에서는 이슬람의 지배를 받는 지역을 가리키고자 합니다.

주민들의 이슬람 개종은 강제적인 것은 아니었고 지즈야(인두세)를 내면 기독교나 유대교 신앙을 그대로 유지할 수 있었습니다. 알안달루스에서는 기독교를 계속 믿는 사람을 모사라베Mozarabe라고 불렀고, 출세나 부를 추구하여 이슬람으로 개종한 일부 기독교도를 물라디Muladí라고 불렀습니다.

당시의 알안달루스에서는 정복지의 분배를 둘러싼 아랍인 간의 다툼이나 베르베르족의 반란으로 혼란이 이어졌고, 35년 사이에 총독 격의 관직인 아미르가 19명이나 교체되는 등 불안정했습니다.

한편, 서고트 왕국이 붕괴하자 펠라요 등의 서고트 귀족과 민중은 북부의 칸타브리아산맥 기슭으로 도망쳤습니다. 펠라요는 바스크계 선주민인 아스투리아스인의 지지를 얻어 왕위에 올랐고 아스투리아스 왕국을 건국했습니다.

펠라요는 722년, 우마이야 왕조 군대를 아스투리아스 남부에 있는 코바동가 골짜기로 유인하여 기습 공격을 했고 승리했습니다. 이것이 바로 '레콩키스타Reconquista(재정복)'라고 불리게 되는, 기독교도에 의한 이베리아반도의 탈환 운동이 시작되는 순간이었습니다. 아스투리아스 왕국은 레콩키스타를 시작으로 알폰소 2세 시대에는 북서부의 갈리시아 지방을 병합했습니다.

알안달루스의 정치적인 혼란을 잠재운 사람은 압드 알 라흐만 1세였습니다. 그는 우마이야 왕조 출신으로 다마스쿠스의 우마이야 왕조가 붕괴한 뒤, 이베리아반도로 건너와 756년에 아미르로 취임했습니다. 이렇게 우마이야 왕조의 지배자 혈통을 잇는 형태로 알안달루스의 독자적인 왕조, 코르도바 아미르국이 탄생했습니다.

8세기 중반 이베리아반도

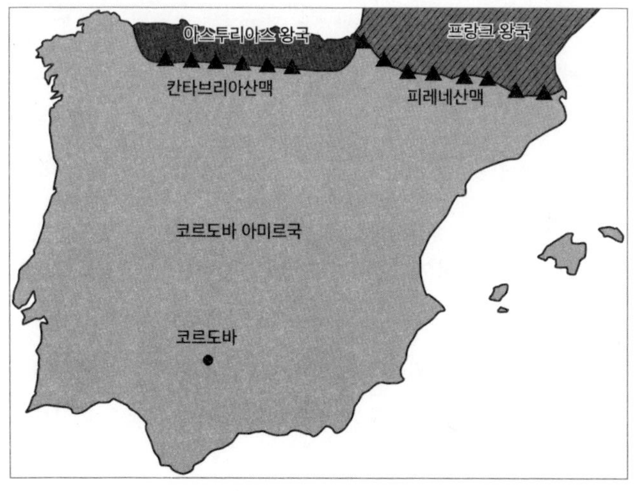

이베리아반도에 이슬람 세력이 침입한 후, 피레네산맥 동부에 사는 바스크계 선주민은 서고트 왕국의 사람을 많이 포용했습니다. 선주민의 수장 일족은 결혼이라는 형태로 서고트 귀족과 연을 맺었습니다.

한편, 코르도바 아미르국이 성립할 시점에 알안달루스가 혼란을 겪고 있을 때, 프랑크 왕국은 801년 바르셀로나를 점령했습니다. 그해 서고트 귀족은 바르셀로나 백작으로 임명되었고 프랑크 왕국의 지배를 받던 여러 백령伯領으로 구성된 스페인 변경 백령이 성립되었습니다. 이 스페인 변경 백령이 훗날 카탈루냐라고 불리는 지역입니다. 이후 프랑크 왕국은 약체화되었고 이 지역의 모든 백령은 자립성을 키워 나갔습니다. 987년, 프랑크 왕국에 카페 왕조가 들어서자, 모든 백령은 독립합니다.

반면, 피레네산맥 서부 바스크계 선주민의 상황은 달랐습니다. 그들은 프랑크 왕국의 지배를 거부하고 알안달루스에 접근했습니다. 820년, 바스크계 귀족인 이니고 아리스타Inigo Arista는 친척이자 물라디 귀족인 카시 가문의 지지를 받고 나바라 왕국을 건국했고 초대 국왕이 되었습니다.

이 시기에 코르도바 아미르국의 왕인 압드 알 라흐만 2세는 국가의 재정과 행정 개혁을 진행했습니다. 귀족에게 통치를 맡기는 서고트 왕국의 오랜 전통을 버리고 국가가 직접 통치하고 세금도 직접 거두어들였습니다. 덕분에 코르도바 아미르국의 재정은 좋아졌습니다. 또한 아스투리아스 왕국과 스페인 변경 백령으로 군사 원정을 보내거나, 수도 코르도바에 있는 모스크(이슬람의 예배당)를 재건축하기도 했습니다.

서고트 왕국에서부터 이어 온 오랜 특권을 잃게 된 물라디 귀족은 압드 알 라흐만 2세에게 반발했고 9세기 후반부터 10세기 초반에 걸쳐 대규모의 반란을 일으켰습니다. 그리고 이를 기회로 본 아스투리아스 왕국의 알폰소 3세는 물라디 귀족과 협력하여 알안달루스와 경계 지점에 있는 현재의 포르투갈 북부 도시 포르투갈(현재의 포르투)과 중부의 코임브라, 그리고 카스티야 북부까지 영토를 넓히고 많은 농민을 들어가 살게 했습니다. 이렇게 아스투리아스 왕국은 영토를 확대했습니다.

910년, 아스투리아스 왕국은 레온 왕국과 갈리시아 왕국으로 분열합니다. 그리고 레온 왕국의 동부 경계 지역인 카스티야 북부에는 바스크족과 칸타브리아족이 정착하기 시작했습니다. 소유자가 없는 황무지를 개척한 그들에게 토지 소유를 인정하자, 비호를 부여하는 영주 권력이 난립했습니다. 이처럼 혼란했던 카스티야 북부의 상황을 정리한 사람은 932년에 카스티야 백작이 된 페르난 곤살레스였습니다. 카스티야 백령은 이후 레콩키스타를 주도했습니다.

알안달루스의 최전성기

알안달루스는 10세기에 최전성기를 맞이합니다. 912년에 아미르의 자리에 오른 압드 알 라흐만 3세는 929년에 자신을 이슬람의 창시자인 무하마드의 후계자 '칼리프Caliph'라고 선언했습니다. 이 이후, 코르도바 아미르국은 코르도바 칼리프국Caliphate of Córdoba이라 불렸습니다.

압드 알 라흐만 3세는 용병으로 이루어진 군대를 조직하여 기독교 제국으로 계속 원정을 보냈습니다. 게다가 북아프리카의 파티마 왕조에도 군대를 파견하여 마그레브(현재의 튀니지, 알제리, 모로코를 가리키는 지역명)의 북부를 보호령으로 했습니다. 이에 대항하여 레온 왕국은 나바라 왕국, 카스티야 백령과 연대하여 도루강 유역을 두고 코르도바 칼리프국과 격렬한 공방전을 벌였습니다. 그러나 코르도바 칼리프국의 기세를 꺾을 수는 없었습니다.

서지중해의 대국이 된 코르도바 칼리프국은 서[西]이슬람 문화의 중심지가 되었습니다. 당시 세계 유수의 대도시였던 수도 코르도바에는 지식인이 몰렸고 큰 도서관이 세워졌습니다. 또한, 의학 등의 자연과학 수준도 비약적으로 발전했습니다.

10세기 후반에는 히샴 2세가 어린 나이에 칼리프 자리에 올랐고, 와지르(고관)중 하나였던 만수르가 하지브[4]가 되어 히샴 2세를

---

4 Hajib, 술탄을 보좌하는 궁성 조직을 말한다.

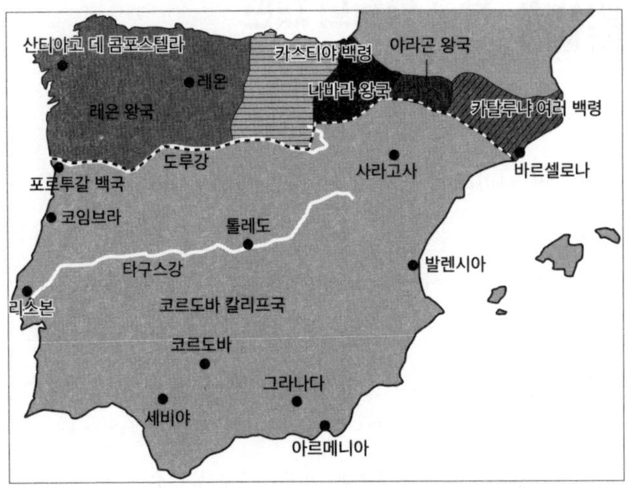

대신해 정치를 펼쳤습니다. 만수르는 용병을 이끌고 레온 왕국 등 북부 기독교 제국으로 끊임없이 원정을 나갔습니다. 그의 군대 세력은 기독교도의 순례지인 산티아고 데 콤포스텔라까지 뻗어 나갔습니다. 그 결과 만수르는 알안달루스 영토를 역대 최고로 확장하는 데 성공했습니다. 그러나 만수르 사후, 코르도바 칼리프국은 정치 실권을 둘러싼 정쟁으로 혼란에 빠졌고 1031년에 붕괴했습니다. 우마이야 왕조의 칼리프라는 권위를 잃은 알안달루스는 분열했고 타이파Taifa라고 불리는 소왕국이 난립했습니다. 이것이 제1차 타이파 시대입니다.

012 왕국 영토의 재편

1029년, 나바라 국왕 산초 3세는 친척이자 카스티야 백작인 가르시아 산체스가 세상을 떠난 후, 그의 누이인 부인 무니아를 통해 카스티야 백령의 영유권을 획득했습니다. 그리고 내란으로 위기 상황이었던 레온 왕국을 보호국화했습니다. 심지어 그는 바르셀로나 백작도 신하로 두었습니다. 이렇게 최대 영토를 구축한 나바라 왕국은 이베리아반도에 있는 기독교 제국 중 가장 권력 있는 나라로 군림하게 되었고 산초 3세는 '대왕'이라고 불렸습니다.

1035년, 카스티야 백령의 영유권은 산초 3세에서 그의 아들인 페르난도 1세로 계승되었습니다. 페르난도 1세는 레온 왕국의 계승권도 얻고 1037년에 카스티야-레온 왕국을 건국했습니다. 이후 페르난도 1세의 아들인 알폰소 6세는 형제간의 싸움을 거쳐 카스티야-레온 왕국을 계승했습니다. 그는 적극적으로 끊임없는 군사 원정을 보냈고, 그 결과 과거 서고트 왕국의 수도였던 톨레도를 1085년에 이슬람 세력으로부터 되찾아 왔습니다. 그리고 그는 여러 약소 타이파를 보호국으로 만들고 파리아Paria(상납금)를 징수했습니다. 상황이 이렇게 되자 타이파의 왕들은 무라비트 왕조에게 군사 원조를 청했습니다.

무라비트 왕조는 이슬람 법학자인 이븐 야신이 시작한 엄격한 금욕주의를 실천하는 이슬람 개혁 운동(무라비트 운동)을 기원으로

카스티야-레온 왕국의 성립과 계승

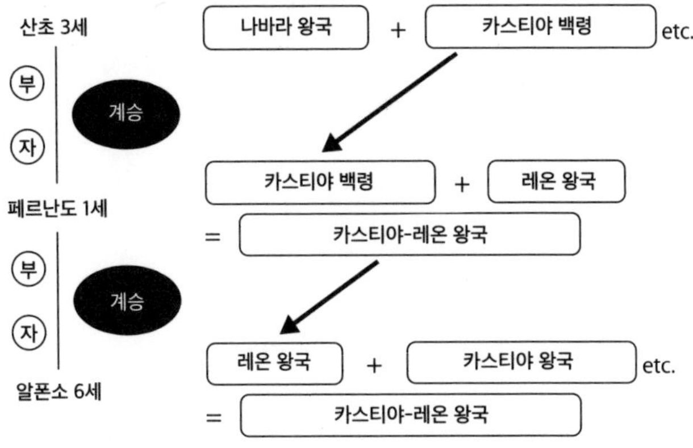

하며, 현재의 모로코 전역에서 모리타니아 동부까지 세력을 넓혔습니다. 타이파 국가들의 원조 요청을 받은 무라비트 왕조는 이베리아반도로 군대를 보냈고 1086년에 사그라자스 전투[5]에서 카스티야-레온 왕국의 군대를 격파했습니다. 이를 계기로 무라비트 왕조는 알안달루스의 지배자가 되었습니다.

한편, 이 무렵 이베리아반도 북동부에서도 새로운 움직임이 일어납니다. 1035년, 나바라 왕국의 산초 3세의 서자(본처가 아닌 여성에게서 태어난 자식)인 라미로 1세가 아라곤 백령을 계승하고 아라곤 왕국을 건국한 것입니다.

아라곤 왕국은 적극적인 영토 확장 정책을 시행했습니다. 다음 왕이 된 산초 라미레스는 카스티야-레온 왕국의 알폰소 6세와 결

---

5 발발 지역의 이름을 따 잘라카 전투(Battle of Zallaqa)라고도 한다.

탁하여 1076년에 나바라 왕국의 영토 일부를 병합했습니다. 또한, 1118년 산초 라미레스의 아들인 알폰소 1세 치하에 사라고사를 무라비트 왕조로부터 탈환했습니다. 사라고사는 아라곤 왕국의 수도가 되고 에브로강 이남까지 지배 지역을 확대했습니다.

　　무라비트 왕조의 지배를 받기 전, 타이파 국가들은 정치적·경제적으로 매우 무력했기 때문에 기독교 제국의 신하가 되거나 무역 활동으로 국가를 유지했습니다. 반면 무라비트 왕조에서 지도자적 위치였던 베르베르족은 코란(이슬람 성전)의 가르침을 엄격하게 지켰고 이교도에 대해서도 이슬람 규범을 지킬 것을 강하게 요구했습니다. 이 때문에 기독교 제국과 모사라베와의 관계를 유지하고자 한 타이파 왕들과 무라비트 왕조는 대립할 수밖에 없었습니다.

　　한편, 마그레브에서는 무라비트 운동을 이단이라며 비판하는 무와히드 운동이 발생했습니다. 이 운동은 베르베르족의 이븐 투마르트가 일으킨 것으로 '이슬람에는 유일신 알라 이외의 신은 없다'라는 이슬람 원칙을 강조하여 세력을 확대했고, 무라비트 왕조에 대한 '성전聖戰'을 시작했습니다. 이들 세력은 1130년에 무와히드 왕조를 건국했고 1147년에는 결국 무라비트 왕조를 멸망시켰습니다.

　　무라비트 왕조의 지배에서 벗어난 알안달루스에서는 다시 타이파의 왕들이 군웅할거[6]하기 시작했고 그렇게 제2차 타이파 시대의 막이 올랐습니다. 무와히드 왕조의 초대 칼리프인 압드 알 무민은 이베리아반도에 상륙하여 타이파 제국을 평정하는 일에 착수했습니다. 그리고 뒤를 이은 유수프에 의해 무와히드 왕조는 1172년에 알안달루스 전 영토를 지배하게 되었습니다.

6　群雄割據, 여러 영웅이 각기 한 지방씩 차지하고 위세를 부리는 것을 말한다.

12세기 무렵 이베리아반도

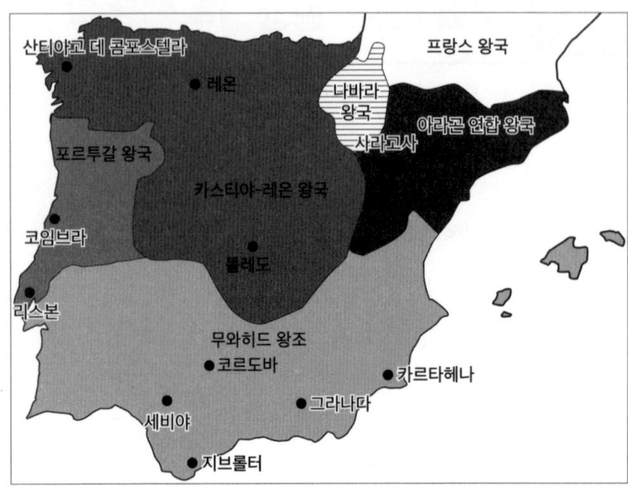

기독교 제국의 정치적 변화

알안달루스의 판도가 이렇게 요동치던 중, 마찬가지로 기독교 제국에서도 정치적 동란이 발생했습니다. 아라곤 왕국에서는 '엘 바탈라도르El Batallador(전사)'라는 별칭으로 불리며 레콩키스타를 진행했던 알폰소 1세가 세상을 떠난 뒤, 후계자를 둘러싸고 아라곤 귀족과 나바라 귀족 간의 대립이 발생했습니다. 그 결과 라미로 2세가 아라곤 왕이 되었고, 가르시아 라미레스가 나바라 왕이 되었습니다. 이로써 1134년에 아라곤과 나바라의 동군연합(복수의 나라를 한 국왕이 통치하는 체제)이 해결되었습니다.

라미로 2세는 남프랑스에도 영토를 보유한 카탈루냐의 대귀족인 바르셀로나 백작에게 아라곤 왕국을 양보하는 결단을 내렸습니다. 그리고 1137년, 갓 태어난 딸 페트로닐라를 바르셀로나 백작

라몬 베렝게르(베렝게) 4세와 결혼시켰습니다. 이렇게 아라곤과 카탈루냐가 연합한 아라곤 연합 왕국이 탄생하게 됩니다.

한편, 카스티야-레온 왕국에서는 무라비트 왕조와 무와히드 왕조의 압박이 심해지고 있던 시기에 내분이 발생합니다. 결국 알폰소 7세의 사후인 1157년, 카스티야-레온 왕국은 다시 알폰소 8세의 카스티야 왕국과 알폰소 9세의 레온 왕국으로 분열되었습니다.

분열 이후 레온 왕국에서는 알폰소 9세가 재정 강화를 위해 임시세臨時稅 징수를 계획했습니다. 이 계획을 실현하기 위해 그는 이제까지 귀족과 성직자만 참여할 수 있었던 입법 기관에 모든 도시의 대표자가 참여할 수 있게 했습니다. 이렇게 1188년, 귀족과 성직자에 더해 도시 대표자까지 포함한 '코르테스Cortes'가 탄생했습니다. 이는 유럽 최초의 신분제 의회입니다.

카스티야 왕국의 알폰소 8세는 나바라 왕국으로부터 이베리아반도 북부의 영토를 빼앗고 지배 지역을 계속해서 넓혀 나갔습니다. 그러던 1195년 이슬람 세력과의 알라르코스 전투에서 무와히드군에게 한 차례 패배했으나, 이후 다른 기독교 제국과 연합군을 결성하고 1212년에는 라스 나바스 데 톨로사 전투에서 무와히드군을 격파했습니다. 이 전투의 승리로 알폰소 8세는 기독교 세계에서 카스티야 왕국의 명성을 굳혔습니다. 이후, 알폰소 8세의 딸과 알폰소 9세 사이에서 태어난 페르난도 3세가 두 왕국의 왕위를 모두 계승함으로써 1230년 카스티야 왕국과 레온 왕국은 다시 하나가 됩니다.

카스티야 왕국에 패배한 무와히드 왕조는 사람들의 불만을 막을 수 없게 되었고, 1228년에는 알안달루스에서 쫓겨났습니다. 이

렇게 누구나 인정하던 절대 권력자가 없어진 알안달루스는 제3차

타이파 시대를 맞이했습니다.

015 이베리아반도의 사회적 발전

레콩키스타가 한창이던 이베리아반도에서는 알안달루스 사회는 물론 기독교 제국 사회도 크게 변하기 시작했습니다. 알안달루스는 10세기부터 무역으로 크게 성장했으며 인구도 증가했습니다. 세비야의 경우, 약 8만 명에 달하는 주요 도시 중 하나가 되었습니다.

경제적으로도 사회적으로도 성장한 알안달루스 사회에서는 학문도 크게 발전했습니다. 철학에 공헌했으며 기독교 사회에서도 아베로에스라는 이름으로 알려진 이븐 루시드, 세계지도를 만든 이드리시, 메카 순례 여행기를 기록한 이븐 주바이르 등 후세에 큰 영향을 끼친 인물을 배출했습니다.

한편, 기독교 제국도 11세기부터 경제적·사회적으로 큰 발전을 이루었습니다. 농업 생산량이 늘어나자 인구도 증가했습니다. 성지 산티아고 데 콤포스텔라에는 유럽 전역에서 많은 순례자가 찾아왔고 순례길에는 숙박할 수 있는 마을도 형성되었습니다. 또한, 정복지에 정착하려는 사람들에게 토지와 주거가 허락되면서 작은 토지를 소유한 자가 늘어났습니다. 상업으로 성공한 사람 중에는 이슬람교도와의 싸움을 위해 장비를 스스로 준비하여 기사가 된 사람도 있었습니다.

이와 더불어 엄격한 이슬람 사회인 무라비트 왕조와 무와히드 왕조에서 많은 유대교도가 기독교 국가로 이주했습니다. 유대교도는 알하마^{Aljamas}라 부르는 자치 공동체에서 생활했고 기독교 제국의 상업 활동에 큰 공헌을 했습니다. 특히 많은 유대교도가 살았던 톨레도는 '스페인의 예루살렘'이라고 불렸습니다. 서고트 왕국의 수도였던 이 도시는 1085년에 알폰소 6세가 이슬람교도로부터 탈환한 이후 기독교도, 모사라베, 유대교도의 교류가 성행했습니다. 이러한 상황에서 등장한 '톨레도 번역학파^{Toledo School of Translators}'라 불리는 집단은 이슬람 세계의 학문을 라틴어로 번역하고 유럽의 '12세기 르네상스'에 크게 공헌했습니다.

12세기 중반부터, 아라곤 연합 왕국에서는 인구가 증가하고 농업 생산력도 높아졌습니다. 게다가 알렉산드리아나 콘스탄티노플(현재의 이스탄불) 등의 항구를 중계지로 향신료 등을 취급하는 지중해 무역이 발전하면서 경제도 성장했습니다.

한편, 정치적으로 아라곤 연합 왕국은 프랑스 왕국인 카페 왕조와의 대립이 고조된 상황이었습니다. 아라곤 연합 왕국이 가진 남프랑스의 영토를 노렸던 카페 왕조는 기독교의 이단인 알비주아파Albigeois派**7**를 제압한다는 명목으로 침공해 왔습니다. 그 결과 1213년에 프랑스 왕국에 패한 아라곤 연합 왕국은 남프랑스 영토를 잃었고 국왕 페드로 2세(바르셀로나 백작으로는 페로 1세)도 전사했습니다. 그러자 국내에서는 정치적 혼란이 발생했습니다.

이어서 즉위한 하이메 1세(차이메 1세)는 왕권 강화에 힘쓰는 동시에 영토 확장을 위해 지중해 진출을 감행했습니다. 1262년에는 정복한 발레아레스제도를 중심으로 마요르카 왕국을 세워서 지배했고 1245년에는 발렌시아의 레콩키스타도 끝냈습니다.

1282년, 프랑스 왕족인 앙주 가문이 지배한 시칠리아 왕국에서 '시칠리아 만종 사건'이라 불리는 반란이 발생하자 하이메 1세의 아들인 페드로 3세(페로 2세)는 이를 계기로 시칠리아섬을 차지했습

---

7 예수 그리스도의 신성과 성서의 일부를 부정한 운동. 카타리파(Cathari派)라고도 한다.

니다. 또한, 카탈루냐의 용병단은 1311년에 아테네 공국을, 1319년에는 네오파트리아 공국을 점령했고, 그 결과 그리스까지도 아라곤 연합 왕국의 세력권에 들어가게 되었습니다.

13세기의 아라곤 연합 왕국은 정치 제도를 강력하게 만드는 방편으로 국왕 고문 의회라는 자문 기관을 설립하거나 지방 행정 제도를 정비했습니다. 대표적으로는 코르테스가 정기적으로 개최되었습니다. 또, 각 도시에서는 도시의 자치를 위해 의결 기관인 자치 의회가 설치되었습니다. 그중 카탈루냐의 주요 도시인 동시에 아라곤 연합 왕국 안에서도 핵심 도시인 바르셀로나에서 강력한 자치를 원하는 움직임이 두드러졌습니다. 이러한 이유로 자치 의회와 함께 그 자문 기관인 '100인 평의회'도 창설되었습니다.

　카스티야 왕 페르난도 3세는 제3차 타이파 시대를 맞이해 알안달루스에서 대규모 레콩키스타를 개시했습니다. 1236년에 코르도바를, 1248년에는 세비야를 함락시키면서 알안달루스의 주요 도시는 카스티야 왕국의 영토가 되었습니다. 이것이 바로 '대*레콩키스타'입니다. 13세기 중반에 이르자 알안달루스라고 불리는 지역은 무하마드 1세가 세운 나스르 왕조의 그라나다 왕국만 남게 되었습니다. 그리고 심지어 무하마드 1세는 그라나다 왕국의 안정을 위해 1246년에 페르난도 3세의 신하가 되었습니다.

　카스티야 왕국은 이후 1252년에 즉위한 알폰소 10세의 통치하에 국내의 법적, 정치적 통일이 진행되었습니다. 그는 메스타

Mesta(떠돌이 목동들의 길드)를 전국적인 조직으로 재편하는 등 경제 진흥도 놓치지 않았습니다. 또한, 학문에도 크게 공헌했는데, 국내외의 학자나 시인을 세비야로 불러들여 법학과 역사학을 비롯해 모든 학문을 카스티야 언어(스페인어)로 쓴 서적을 편찬하였습니다.

한편, 이베리아반도 최남단의 그라나다 왕국은 1260년대 이후 카스티야 왕국에 의한 군사 침공, 그리고 마그레브의 마린 왕조에 의한 간섭으로 불안정한 상태가 이어졌습니다. 그러던 중 1340년에 드디어 전환기를 맞이하게 됩니다. 계기는 그라나다 왕국의 유수프 1세가 마린 왕조와 결탁하여 살라도강 전투에서 카스티야 왕국의 알폰소 11세의 군대와 충돌한 사건이었습니다. 그라나다 왕국과 마린 왕조로 이루어진 연합군은 이 전투에서 패배했지만, 페스트와 내란으로 카스티야 왕국이 혼란스러워지고 마린 왕조가 이베리아반도에서 퇴각한 틈을 타 그라나다 왕국은 자립에 성공했습니다.

페스트의 유행과 유대교 박해

14세기 유럽에서 맹위를 떨친 페스트는 이베리아반도에도 큰 영향을 끼쳤습니다. 일설에 의하면 이때 카스티야 왕국의 인구 15~20퍼센트가 줄었다고 합니다. 페스트의 영향으로 농민들은 경작지를 버리고 도시로 이동하기 시작했습니다. 버려진 토지는 귀족이 회수하였고, 이때부터 대토지를 소유하는 귀족이 늘어났습니다. 빈부의 격차가 심해지고 유대교도를 향한 박해도 발생하는 등 카스티야의 정치는 위기 상황을 맞았습니다.

이베리아반도의 유대교도는 주로 도시 지역의 알하마에 살며 유대교의 신앙과 실천을 보장받는 생활을 하고 있었습니다. 그러나 그들 중에서 유력한 상인과 은행가가 등장하자 기독교도 민중으로부터 '탐욕스러운 유대교도'라며 멸시를 받기 시작했습니다.

또한, 페스트의 유행으로 사람들의 불안이 고조되자, 유대교도가 기독교도 사회를 파괴하는 악의 앞잡이라는 유언비어도 퍼졌습니다. 그 결과, 1391년에는 세비야에서 발생한 사건을 발단으로 톨레도나 코르도바 등의 각지에서 대규모로 포그롬Pogroms(유대교도에 대한 집단적인 폭행·살해)이 발생했습니다.

유대교도 중에서는 살아남기 위해 기독교로 개종하는 움직임이 퍼졌는데 이러한 사람을 콘베르소Conversos(개종자)라고 부릅니다. 그러나 콘베르소 또한 '정말로 기독교를 믿는가?'라며 기존 기독교도들의 의심을 샀고 멸시받았습니다. 콘베르소는 경제와 정치적인 위기를 배경으로 박해당했고 이에 사회는 더욱 불안정해졌습니다.

1350년, 알폰소 11세가 페스트로 쓰러지자, 페드로 1세가 왕위에 올랐습니다. 그러나 그가 강행한 왕권 강화책에 반발한 귀족은 페드로 1세의 배다른 형제인 엔리케 데 트라스타마라를 지지하며 반란을 일으켰습니다. 카스티야의 왕위를 둘러싼 이 내란은 주변 국가들을 끌어들인 국제 분쟁으로 발전했고 페드로 1세는 잉글랜드와 그라나다 왕국의 지원을, 엔리케 데 트라스타마라는 프랑스와 아라곤 연합 왕국의 지원을 받았습니다. 싸움은 엔리케 데 트라스타마라가 우세했고, 결국 1369년에 발생한 몬테엘 전투에서 페드로 1세는 전사했습니다. 그리고 같은 해, 엔리케 데 트라스타마라가 엔리케 2세로 즉위하며 트라스타마라 왕조를 세웠습니다.

019 영향력을 키운 트라스타마라 왕조

카스티야 왕좌에 앉은 엔리케 2세는 자신을 지지한 귀족을 우대하고 페드로 1세를 지지한 귀족을 탄압했습니다. 이 과정에서 유서 깊은 귀족이 몰락하고 새로운 귀족이 등장했습니다.

엔리케 2세의 뒤를 이어 왕이 된 후안 1세는 1385년에 포르투갈 왕위를 주장하며 원정을 떠나지만, 포르투갈군에게 패배합니다. 이 패배로 권위 실추를 두려워한 후안 1세는 왕권 안정을 위해 고위 성직자, 귀족, 레트라도Letrado(법조 관료)로 구성된 국왕 고문 의회를 설치했습니다.

그 뒤를 이은 엔리케 3세는 왕권 강화를 위해 국왕 고문 의회에서 유력 귀족을 배제하는 대신에 하급 귀족을 등용했습니다. 또한 자치 의회에도 관리를 파견했고, 덕분에 국왕의 영향력은 시정市政에서도 커졌습니다.

1406년, 엔리케 3세를 이어 카스티야 왕이 된 후안 2세는 겨우 두 살로 어렸기 때문에 엔리케 3세의 동생 페르난도 데 안테케라가 섭정이 되었고, 그의 발언력이 세졌습니다. 이 무렵 아라곤 연합 왕국의 경제와 사회는 위기에 직면한 상태였습니다. 1410년, 아라곤 왕 마르틴 1세가 후계자를 남기지 않고 죽자, 많은 국왕 후보가 옹립하였고 귀족끼리는 물론 지방 간의 대립이 깊어졌습니다.

내란의 발생을 막기 위해 아라곤 연합 왕국에 속한 각 왕국의 대표자가 회의를 열어 다음 국왕을 누구로 할 것인지 의논했습니다.

이때 지명된 사람이 카스티야 왕국의 페르난도 데 안테케라였습니다. 그는 아라곤 국왕 페르난도 1세로 즉위하게 됩니다.

트라스타마라 가문의 가계도

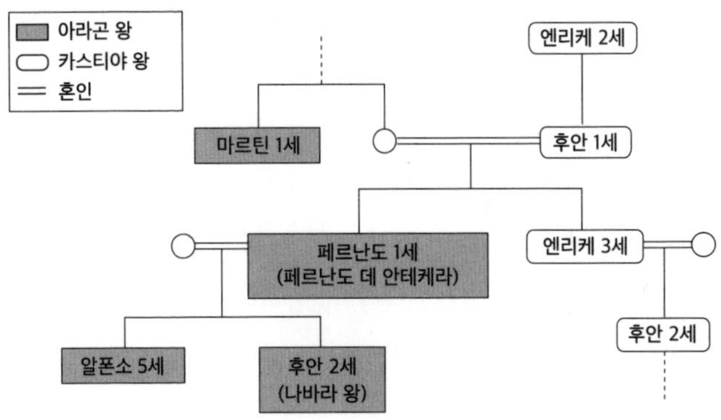

엔리케 3세 치세 이후, 카스티야 왕국의 국왕 고문 의회는 하급 귀족과 레트라도 등의 국왕파가 다수를 차지했습니다. 이 때문에 15세기 중반에는 국왕의 권력이 비대해졌다고 판단한 유력 귀족과 다시 대립이 발생했습니다. 유력 귀족은 당시 왕인 엔리케 4세를 왕좌에서 끌어내리려고 했지만, 치안 유지 조직인 '총總도시 동맹'과 로마 교황 바오로 2세가 엔리케 4세를 지지했기 때문에 유력 귀족도 이를 따라야 했습니다.

1468년, 양측의 화해를 위해 맺어진 협정에서 엔리케 4세가 귀족에게 양보했고 본인의 딸인 후아나 라 벨트라네하가 아닌 배다른 여동생 이사벨이 다음 여왕이 되는 것을 허락했습니다.

페르난도 1세가 즉위한 아라곤 연합 왕국은 여전히 위기 상황이었습니다. 페스트로 인해 도시의 인구와 농촌의 인구가 모두 급격히 줄었고, 상공업·농업의 생산력이 저하되었습니다. 수입이 줄어든 영주는 토지 이용료를 높여 수입을 확보하려 했고 이는 농민의 반발을 샀습니다. 게다가 지중해 무역에서도 카탈루냐와 제노바, 포르투갈의 상인에게 뒤처진 상황이었습니다.

이후 페르난도 1세의 장남인 알폰소가 알폰소 5세로 즉위했고, 그는 지중해 무역을 유지·확대하여 위기 상황을 해결하려 했습니다. 그러나 지중해 제국을 유지하는 데 들어간 방대한 군사비는 국가 재정에 큰 부담을 주었습니다. 이때 바르셀로나에서는 상인과 수공업자들로 구성된 당파 '부스카Busca'가 재정 악화 문제로 시정을 독점해 온 도시 귀족 당파인 '비가Biga'를 비난했습니다. 그 결과, 1453년에는 부스카에 의한 시정이 실현되었으나, 이번에는 비가의 반발이 이어졌습니다.

1458년 알폰소 5세가 서거하자, 나바라의 왕이기도 한 동생 후안 2세가 뒤를 이었습니다. 이 시기에 바르셀로나에서의 당파 싸움은 카탈루냐의 모든 영토를 끌어들인 내란으로 발전했습니다. 이 내란은 왕권과 카탈루냐 지방 자치 정부인 제네랄리타드Generalitat(의회에 상설된 대표 부서)의 대립을 배경으로 농민들의 봉기가 도화선이 되어 1462년에 시작되었습니다. 이는 카스티야와 프랑스, 포르투갈의 간섭을 받으며 10년이나 이어졌고, 후안 2세가 1472년에 바르셀로나를 탈환했을 당시, 아라곤 연합 왕국은 파탄 직전의 상황까지 내몰려 있었습니다.

레콩키스타의 종결

　엔리케 4세의 뒤를 잇게 된 배다른 여동생 이사벨은 반(反)엔리케파의 귀족과 인연이 있었기 때문에 카스티야 왕국에서는 다시 내란이 발생할 위험이 있었습니다. 이사벨은 내란을 막고 왕위 계승의 합당성을 굳히기 위해서 아라곤 연합 왕국의 왕태자인 페르난도와 결혼하였습니다.

　한편, 아라곤 연합 왕국의 후안 2세에게 아들이자 왕태자인 페르난도의 결혼은 카스티야와 동맹을 맺을 기회였습니다. 국내외적으로 동맹국이 되었음을 알리고 외국 세력의 내란 개입을 배제하려는 목적이 있었습니다.

레콩키스타 말기의 이베리아반도

　1469년, 이사벨과 페르난도의 결혼이 성사되었습니다. 이사벨은 1474년에 카스티야 여왕 이사벨 1세로 즉위했고, 페르난도는 1479년에 아라곤 왕 페르난도 2세로 즉위했습니다. 그 결과 카스티야 왕국과 아라곤 연합 왕국의 동군연합으로서 '스페인 왕국'이 탄생했습니다.

　그때까지 소국이었던 나스르 왕조 그라나다 왕국이 기독교 제국 사이에서도 살아남을 수 있던 이유는 우호 관계였던 제노바 상인 덕분이었습니다. 신민이 생계를 유지할 수 있을 정도의 농지가 없었기 때문에 필요한 식량을 모두 제노바 상인으로부터 사들였습니다. 그러나 15세기 중반 이후, 제노바 상인은 그라나다 연안부의 치안이 나빠진 것을 이유로 그라나다 왕국과의 무역을 끊었습니다. 이는 그라나다 왕국에 있어서 사형 선고나 다름없었습니다.

　　결국 1492년, 무하마드 12세는 어떤 저항도 없이 그라나다의 성문을 열었고 그 이후, 알안달루스의 이슬람 왕조는 소멸했습니다. 이렇게 해서 약 800년간 이어진 레콩키스타는 이사벨 1세와 페르난도 2세로 인해 종결되었습니다. 이후 1512년에는 카스티야 왕국이 나바라 왕국까지 흡수함으로써 포르투갈을 제외한 모든 이베리아반도의 왕국이 스페인 왕국의 영토로 들어가게 되었습니다.

이슬람교도도 칭송한 기사,
엘 시드

'용기 있는 자'라 불리며 스페인의 국민적 영웅이 되다!

'엘 시드'라는 이름으로 알려진 스페인 영웅의 본명은 로드리고 디아스 데 비바르입니다. 브루고스 근방에서 태어나 기사로서 산초 2세와 알폰소 6세를 섬겼으며, 1081년에 카스티야 왕국에서 추방당한 뒤 사라고사의 타이파를 섬기게 되었습니다. 동시에 레콩키스타의 중심인물로 활약하였고 1094년에는 발렌시아를 정복하기도 했습니다. 이 당시 적이었던 이슬람교도들조차 그의 용맹함을 인정하여 '용기 있는 자'라는 의미의 '엘 시드'라고 불렀습니다. 엘 시드는 국민적 영웅으로서 많은 문학 작품에 등장합니다. 그를 소재로 한 스페인 문학 최대의 서정시 중 하나인 《시드의 노래》는 13세기에 완성되었으며, 이 외에도 17세기 프랑스 극작가인 코르네유가 비극인 《르 시드》를 썼습니다.

태양이 지지 않는 나라

022 대항해시대

서유럽 제국이 유럽 이외의 세계에 진출한 '대항해시대'는 15세기 이후 항해 기술의 발전 덕분에 급물살을 탔습니다. 그중에서도 이베리아반도의 스페인과 포르투갈은 선두 주자였습니다. 대항해시대에서 스페인의 핵심은 카스티야 왕국이었습니다. 카스티야 왕국은 중세 이후의 조선·항해 기술도 눈부시게 발전했지만, 대서양에 면했다는 지리적 이점도 있어 유럽 북부와의 교역이 활발했습니다. 심지어 제노바의 상인이나 독일의 금융업자 등으로부터 지식, 기술, 재정과 같은 측면에서 큰 도움을 받기도 했습니다. 이 모든 것이 대항해시대의 포석이 되었습니다.

스페인은 크게 세 가지 방향으로 유럽이 아닌 다른 지역으로 진출하고자 했습니다. 첫 번째는 북아프리카 연안부입니다. 그러나 이곳은 영토 지배로는 이어지지 않았고 기항지(항해 도중에 들르는 장소)로 군사 거점을 확보하는 데 그쳤습니다.

두 번째는 아메리카 대륙입니다. 아즈텍, 잉카 등을 정복하고 선주민을 대부분 학살한 다음, 남은 사람을 노동에 이용했습니다. 또한, 은광도 확보하여 많은 은을 타국과의 무역에 활용합니다.

마지막은 아시아입니다. 원래 대항해시대의 선원들은 아시아를 노렸습니다. 필리핀의 마닐라시는 스페인 본국에서 가장 먼 무역 거점이 되었습니다. 스페인은 아시아와의 교역을 통해 중국의 면직물과 도자기를 얻었습니다.

　　한편 폭넓은 스페인의 해외 세력권은 적대 세력인 유럽 제국의
공격을 받는 원인이기도 했습니다. 이 때문에 항구 등은 네덜란드
나 프랑스, 영국의 공격을 받기도 했지만 내륙의 식민지는 거의 스
페인 영토인 채로 통치가 이어졌습니다.

대항해시대의 스페인령과 포르투갈령

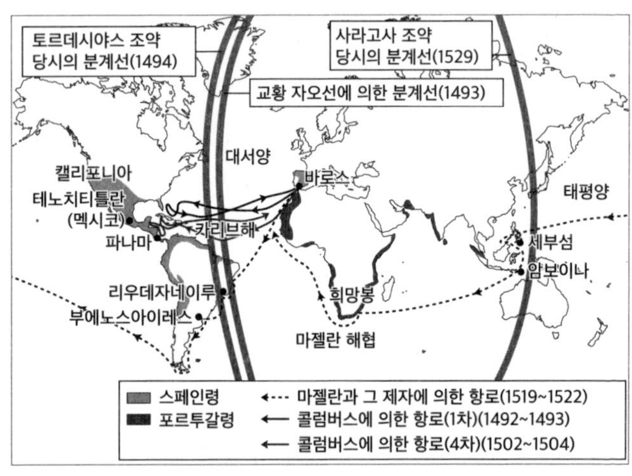

대항해시대를 대표하는 인물은 콜럼버스입니다. 이탈리아 제노바에서 태어난 콜럼버스는 인도나 중국, 그리고 일본에 있다는 황금에 큰 관심을 보이며 아시아로 떠나기로 합니다. 그는 맨 처음으로 포르투갈의 주앙 2세에게 지원을 요청했지만 거절당했고, 이후 카스티야 왕국의 이사벨 1세와 아라곤 연합 왕국의 페르난도 2세에게도 지원을 부탁했습니다. 그러나 그의 요청은 좀처럼 받아들여지지 않았습니다.

그러던 1492년 이사벨 1세가 콜럼버스의 항해를 지원하기로 했습니다. 이때 콜럼버스는 발견한 토지를 총독·제독의 자격으로 가져도 된다는 '산타페 협약'을 이사벨 1세와 맺었습니다. 같은 해 콜

럼버스는 인도를 향해 1차 항해를 시작했습니다. 그리고 산살바도르섬, 히스파니올라섬과 같은 현재의 서인도 제도에 해당하는 카리브해의 섬들에 도착했고 현지 사람을 '인디오'라고 불렀습니다.

스페인으로 돌아간 콜럼버스는 새로운 항해를 떠났습니다. 그러나 목표였던 황금을 찾기는커녕 토지 개척도 하지 못했습니다. 또한, 현지를 잘 통제하지 못했던 탓에 스페인 본국에서 파견된 관리에게 신변을 구속당하고 제독 자리에서 해임되기까지 합니다. 그런데도 콜럼버스는 1502년에 또다시 4차 항해를 떠났고 오늘날의 코스타리카, 파나마 등에 도착했습니다. 콜럼버스는 이때 발견한 땅을 인도라고 주장했지만, 마지막까지 미지의 대륙에 도착했다는 것을 유럽인들에게 인정받지 못했습니다.

여기는 스페인, 저기는 포르투갈

사실 콜럼버스의 첫 항해를 두고 포르투갈은 자신들의 지배지를 침범당했다고 주장했습니다. 새로운 토지가 발견될 때마다 언쟁이 오가는 것을 막기 위해 스페인은 로마 교황 알렉산데르 6세에게 조정을 부탁했습니다. 그 결과, 1493년에 교황 자오선이라는 분계선(해외의 영토를 나누는 경계선)이 정해졌습니다. 그 선을 기준으로 동쪽은 포르투갈, 서쪽은 스페인이 영토를 점유할 권리를 얻었습니다.

그러나 스페인 측에 유리한 조건이었기 때문에 포르투갈은 불만을 품고 스페인 북서부의 토르데시야스에서 스페인과 교섭을 개시했습니다. 그리고 1494년, 토르데시야스 조약을 맺고 포르투갈 측의 영역을 훨씬 크게 분계선을 수정했습니다.

토르데시야스 조약에서 동반구는 대상에 포함되지 않았기 때문에 이후 스페인과 포르투갈 사이에 동남아시아의 말루쿠 제도를 둘러싸고 분쟁이 발생했습니다. 1529년, 스페인과 포르투갈은 사라고사 조약을 맺었습니다. 이 조약은 아시아의 분계선에 대한 협정으로 말루쿠 제도는 포르투갈의 영토가 되었습니다.

025 두 명의 군주

스페인 왕국을 이룬 아라곤 연합 왕국과 카스티야 왕국 사이에는 통일된 법, 통치 제도, 의회, 화폐나 세금 등이 없었습니다. 이사벨 1세와 페르난도 2세는 왕권을 강화하기 위해 국력이 강한 카스티야 왕국을 중심으로 나라를 만들고자 했지만 체제를 통일할 마음은 없었습니다. 그들은 두 나라의 힘이 동등하다고 강조하며 재판을 공동으로 진행했고 법률 등에는 두 사람이 함께 서명했습니다. 또한, 이사벨 1세와 페르난도 2세는 종교에 의한 통치를 중시했습니다. 1496년 두 사람은 로마 교황 알렉산데르 6세로부터 '가톨릭 군주'라는 칭호를 받았고, 두 가톨릭 군주는 귀족과 성직자보다도 자신들이 훨씬 강한 힘을 가진 체제를 만들기 시작했습니다. 그렇게 광대한 16세기 스페인 제국의 기반이 만들어졌습니다.

두 가톨릭 군주는 외교 관계를 유리하게 만들기 위해 외아들인 후안의 아내를 합스부르크가에서 맞이하기로 했습니다. 당시 합스부르크가는 네덜란드를 포함한 넓은 범위를 다스리는 유력한 왕가였습니다.

네 명의 딸 중 차녀인 후아나도 합스부르크가 출신의 신성 로마 황제 막시밀리안 1세의 아들 필리프에게 시집을 보냈습니다. 이때, 필리프는 18세였고 후아나는 17세였습니다. 스페인은 합스부르크가와 성사된 두 결혼으로 유럽에서 세력을 넓혀 갔습니다.

후아나 1세의 비극

그러나 결혼 후, 후아나는 정신이 불안정해졌습니다. 필리프가 스페인을 미개한 나라라고 멸시했으며, 여자 문제를 일으켰기 때문입니다. 그러던 중 후아나는 오빠 후안이 죽고 포르투갈로 시집간 언니 이사벨도 사망하면서 카스티야의 왕위 계승권을 차지하게 되었습니다. 1504년, 어머니인 카스티야 여왕 이사벨 1세가 서거하자 후아나는 후아나 1세로 즉위합니다. 그러나 마음이 병들어 있던 탓에 제대로 정치를 할 수 없었습니다. 이런 그녀를 대신하여 아버지인 아라곤 왕 페르난도 2세가 섭정하여 카스티야를 통치하게 되었습니다.

후아나 가계도

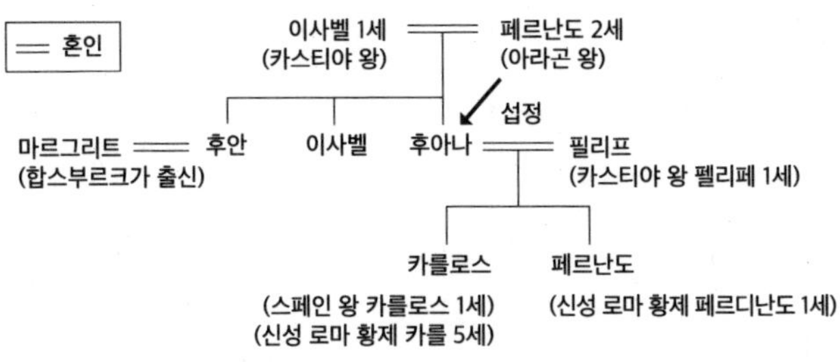

후아나의 남편인 필리프는 자신을 카스티야 왕 펠리페 1세라 칭하며 후아나 1세와 함께 1506년 4월에 스페인에 도착하였고, 페르난도 2세 대신에 후아나 1세와 공동 통치를 시작했습니다. 또한 빌

라파필라 조약을 맺어 자신의 왕위를 인정시킴과 동시에 페르난도 2세를 아라곤 연합 왕국으로 돌려보냈습니다. 그리고 이제까지 스페인과 적대적인 관계였던 프랑스와 우호적인 관계를 구축하기도 했습니다.

그런데 펠리페 1세가 1506년 9월에 급사하는 바람에 다시 아버지인 페르난도 2세가 후아나의 섭정으로 카스티야를 다스리게 됩니다. 그 사이에도 후아나의 정신은 회복되지 않았고 페르난도 2세는 딸을 유폐시켰습니다. 그렇게 후아나는 죽기 직전까지 46년간 토르데시야스 별장에서 지냈습니다.

027 엔코미엔다 제도

스페인이 아메리카 대륙을 개척할 당시 큰 역할을 한 것은 1503년에 도입된 '엔코미엔다Encomienda 제도'였습니다. 엔코미엔다는 '위탁'이라는 의미의 인디오 식민지 통치 제도를 말합니다. 식민자가 아메리카 대륙의 선주민인 인디오를 노예로 삼는 것은 금지였으나, 보호와 기독교 포교를 명목으로 식민자에게 인디오의 관리를 맡겼습니다. 그 결과 인디오는 노예가 되진 않았지만, 현지에서 노동력을 착취당했습니다.

1512년에는 이와 관련해 부르고스 법The Laws of Burgos이 제정되었지만 인디오는 여전히 혹사당했습니다. 그러자 도미니크회의 라스 카사스 신부를 비롯한 수도사들이 왕실에 인디오의 보호를 계속해서 요구했고, 이 요구가 받아들여져 1542년에는 새로운 법을 적용해 엔코미엔다 제도를 폐지하기로 결정되었습니다. 그러나 이 법에 반발한 엔코미엔다 소유자들이 반란을 일으켰고, 결국 엔코미엔다 제도는 이후에도 관행으로 남게 되었습니다.

스페인 제국 시대의 개막

　페르난도 2세는 1509년 프랑스 국왕 루이 12세의 조카딸과 결혼했지만 후사를 낳지 못한 채 1516년 1월에 사망했습니다. 반면 후아나에게는 두 아들이 있었습니다. 플랑드르(현재의 프랑스와 벨기에를 걸친 지방)에서 자란 장남 카를로스와 카스티야에서 자란 차남 페르난도였습니다.

　그해 3월, 카를로스는 브뤼셀에서 스페인 국왕 카를로스 1세라고 선언했습니다. 이것이 약 200년간 이어질 합스부르크 왕조의 시작이었습니다. 이듬해 9월 즉위한 카를로스는 17세가 되어서야 어머니의 고향인 스페인을 방문했습니다. 카를로스에게 스페인은 이국땅이었습니다. 그는 조부모인 가톨릭 군주와 만난 적도 없었고 스페인어도 하지 못했습니다.

　이후 아버지 쪽 조부인 신성 로마 황제 막시밀리안 1세가 1519년에 서거한 뒤에 열린 신성 로마 황제 선거에서 카를로스 1세는 대립 후보인 프랑스 국왕 프랑수아 1세를 누르고 카를 5세로서 신성 로마 황제를 겸하게 되었습니다.

　카를로스 1세는 신성 로마 제국의 영토인 독일과 네덜란드(현재의 네덜란드, 벨기에, 룩셈부르크) 등을 지배하고 거의 전 유럽 영토의 패권을 손에 넣었습니다. 그렇게 유럽부터 미국 대륙까지 걸친 스페인 제국 시대의 막이 올랐습니다.

029 신교도의 단속

1517년, 독일에서 종교 개혁이라 불리는 대운동이 발생했습니다. 수도사인 루터가 가톨릭교회를 비판한 것이 계기였습니다. 이 일로 기독교 세계는 크게 분열되었으며, 이 분열은 정치, 경제, 민족, 문화 등에 큰 영향을 끼쳤습니다.

카를로스 1세의 지배를 받았던 독일과 네덜란드에서는 가톨릭교회로부터 분열한 신교도(프로테스탄트)와의 대립이 점점 깊어졌습니다. 스페인에서도 모리스코Morisco(기독교로 개종한 원래 이슬람교도)나 콘베르소가 숨은 이슬람교도나 숨은 유대교도일지 모른다는 의

심을 받아 이단심문소에 잡히는 등 단속의 대상이 되었고, 신교도도 여기에 포함되었습니다. 이단심문소의 활약으로 스페인의 이단은 소멸하였습니다.

코르테스와 피사로의 원정

콜럼버스에 이어 향신료와 진주, 귀금속을 찾아 아메리카 대륙으로 떠나는 사람들이 있었는데 이들을 콩키스타도르^{Conquistador}(스페인 출신으로 미국을 정복한 탐험가)라고 총칭했습니다. 그중에서도 유명한 사람은 코르테스와 피사로입니다.

코르테스는 1518년부터 원정을 시작했고 그 과정에서 멕시코 내륙부로 들어와 아스테카 제국을 발견했습니다. 그는 1521년에 이 나라를 무력으로 쓰러뜨렸고, 마야 문명 중심이었던 유카탄반도, 과테말라, 온두라스까지 침공했습니다.

피사로는 1531년부터 중미의 파나마에서 남아메리카 대륙으로 진군했습니다. 이때 현재의 콜롬비아부터 에콰도르, 페루, 볼리비

코르테스의 원정 루트

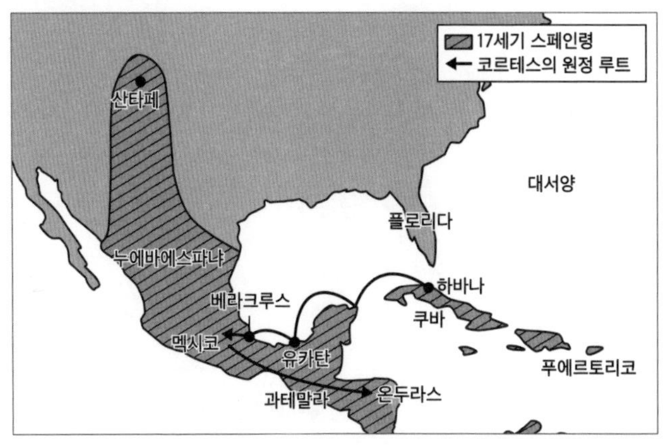

아, 칠레, 아르헨티나까지 퍼져 있던 잉카 제국에 도착했습니다. 그는 잉카 왕 아타우알파를 살해하고 1533년에는 그곳을 정복했습니다.

스페인은 오늘날의 아르헨티나를 중심으로 하는 팜파스 평원에도 거점을 두었습니다. 아메리카 대륙의 식민지화는 서쪽으로 진행되었는데 현재의 브라질을 제외한 거의 전 영토가 스페인의 식민지가 되었습니다.

스페인 본국에서는 1524년에 정복한 영토를 통치하기 위해 인도 공의회Council of the Indies가 창설되었고 누에바에스파냐(현재의 멕시코)와 페루에 총독을 두었습니다.

피사로의 원정 루트

아메리카 대륙으로 진출하자 인디아스 교역이 성행했습니다. 봄과 가을, 1년에 두 차례, 현지의 특산품이 스페인 본국으로 들어왔습니다. 특산품 중에서는 담배, 코치닐(염색에 사용하는 색소) 등이 있었는데 그중에서도 중요한 물품은 귀금속이었습니다.

1545년에 페루 부왕령인 포토시(현재의 볼리비아)에서 우연히 은광이 발견되었고 그 이후, 은은 수입품의 중심이 되었습니다. 또한 1550년대 이후, 수은을 사용하여 은을 채집하는 아말감법으로 막대한 양의 은을 손에 넣게 되었습니다.

식민자는 스페인 본국에 자유롭게 광산을 채굴할 권리를 요구했고, 채굴한 광석의 5분의 1을 본국으로 보내는 대가로 그 권리를 얻었습니다. 심지어 식민자는 유상의 강제 노동 제도인 미타[Mita]를 활용하여 토지와 선주민의 노동력도 얻었고, 현지의 선주민은 광산에서 강제 노동하는 처지가 되었습니다.

032 왕정을 향한 반란

　카를로스 1세는 신성 로마 황제 카를 5세를 겸하며 자기의 지배력을 강화하려 했습니다. 1520년, 신성 로마 황제 자리의 대관식을 위해 스페인을 떠나 독일로 향할 당시, 카를로스 1세는 신민들에게 선거 자금의 변제 등으로 상납금을 낼 것을 명했습니다. 그리고 이것이 카스티야 북부, 중부에 있는 모든 도시의 반발을 샀습니다.

　이러한 배경에서 발생한 코무네로스 반란Comuneros Movement8이라는 민중 반란 세력은 카를로스 1세에게 상납금 철회와 신성 로마 제국보다 스페인 왕국의 이익을 우선할 것 등을 요구했습니다.

8 톨레도, 바야돌리드, 세비야 등 주요 15개 도시에서 각기 만든 자치 조직을 코무니다드라고 하며, 그 구성 시민을 코무네로스라고 한다.

하지만 각지의 귀족 등은 반란으로 자신들의 이익을 잃을 수 있다는 두려움에 국왕을 지지했습니다. 결국 1521년 4월, 빌야리르 전투에서 귀족이 포함된 국왕군은 반란군을 무찔렀고 지도자를 처형했습니다. 그 무렵, 발렌시아와 마요르카에서 같은 형태의 반란이 발생했지만, 이 또한 진압되었습니다.

033 신앙의 자유

카를로스 1세는 자신이 기독교 세계의 수호자라는 믿음으로 기독교 세계를 위협하는 이슬람 세력과 교회를 분열시키는 루터 개혁 운동 등에 맞섰습니다.

1545년, 로마 교황 바오로 3세는 이탈리아에서 트리엔트(트렌토) 공의회를 소집했습니다. 이 의회에서는 성서의 해석을 가장 중시하는 프로테스탄트의 생각과 달리 교회와 신앙을 분리하지 않는다는 전통적인 가톨릭의 태도를 재확인했지만, 그런데도 프로테스탄트 사상이 퍼지는 것을 막을 수는 없었습니다.

1555년 독일에서 열린 제국의회에서 진행한 아우크스부르크 화의에서는 '영토에 속한 자는 종교도 속한다'라는 원칙이 확립되었습니다. 즉, 신성 로마 제국 내의 각 연방 군주는 각자 자유롭게 종교를 선택할 수 있다는 뜻입니다. 이 화의로 프로테스탄트인 루터파도 인정되어, 가톨릭으로 유럽을 하나의 제국으로 만들려던 카를로스 1세의 꿈은 좌절되었습니다. 그러나 아들인 펠리페 2세는 신앙의 자유를 인정하지 않았고, 트리엔트 공의회에서 정한 원칙을 반드시 지키고자 했습니다.

다음 세대로 이어진 야심

1556년 카를로스 1세는 퇴위하면서 신성 로마 제국의 연방과 황제의 지위를 동생인 페르난도(페르디난트 1세)에게 물려주었습니다. 그리고 아들인 펠리페 2세는 스페인 왕으로 신성 로마 제국 이외의 모든 영토를 계승했습니다.

신성 로마 제국의 영토가 없어도 스페인 영토는 아메리카 대륙, 아시아까지 이를 정도로 광활했습니다. 그래서 스페인의 영토 어느 곳을 가도 태양은 반드시 떠 있다는 의미에서 '태양이 지지 않는 나라'라고 불렸습니다.

펠리페 2세는 과묵한 인물로 집무실에서 거의 나오지 않았습니다. 사교적인 성격인 아버지와는 정반대로 신하와는 거리를 두었고 수도 마드리드의 기반을 만드는 일에 착수했습니다. 그는 스페인 왕국을 떠나는 일이 드물었고 스페인어밖에 할 줄 몰랐습니다. 1563년에는 마드리드 근교에 있는 엘 에스코리알 수도원이기도 한 왕궁을 건설했고, 왕궁이 완성된 이후에는 그곳에서 정무를 보았습니다. 엘 에스코리알 궁전은 당시 눈부신 스페인을 상징했고 현재는 세계유산이 되었습니다.

펠리페 2세는 미국에서 많이 채굴되기 시작한 은의 효과를 톡톡히 보았는데 특히 많은 용병을 거느린 스페인 보병대를 조직하는 데 도움을 받았고 그렇게 유럽에서 스페인이 주축인 시대를 구축할 수 있었습니다. 그의 목표는 아버지와 마찬가지로 가톨릭에 의

펠리페 2세 시절의 유럽

암스테르담
신성 로마 제국
룩셈부르크
보헤미아
프랑스
헝가리
빈
포르투갈
오스트리아
마드리드
밀라노
베네치아
스페인
로마
사르데냐
나폴리왕국
시칠리아
펠리페 2세가 계승한 영역
페르디난트 1세가 계승한 영역

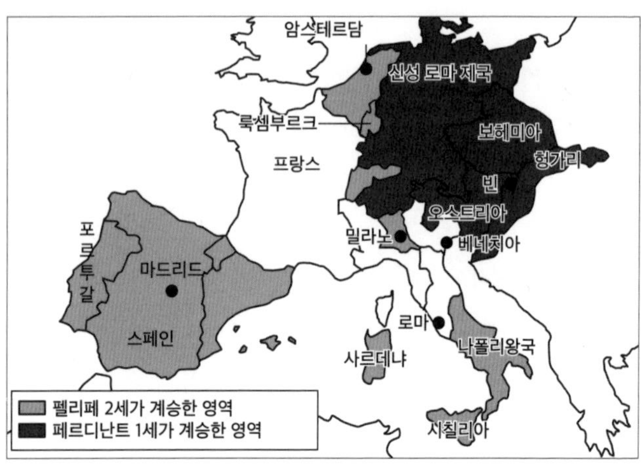

15세기가 끝나갈 무렵, 스페인 왕가와 프랑스 왕가 사이에는 이탈리아의 소유를 둘러싼 대립이 이어졌습니다. 1557년, 생캉탱 전투에서 펠리페 2세가 프랑스의 앙리 2세에게 승리한 덕분에 스페인은 우위를 차지했습니다.

1559년, 이탈리아 전쟁의 최종 강화 조약으로 카토-캉브레시 조약이 맺어지자, 프랑스는 이탈리아에 진출하는 것을 단념했고 이탈리아 전쟁의 승자는 스페인이 되었습니다.

이 전쟁의 영향으로 서유럽 나라들은 대사(외교 사절)를 상대 국가 내에 두었으며, 어떤 특정 나라만 더 강력한 힘을 가질 수 없도록 억제했습니다.

16세기의 스페인은 지중해의 패권을 둘러싸고 오스만 제국과 계속해서 전투를 벌이고 있었습니다. 전직 해적 바르바로스가 이끄는 것으로 유명한 오스만 해군은 서지중해 연안에서 세력을 강화하여 많은 사람을 노예로 끌고 갔습니다.

신성 로마 제국, 로마 교황청, 베네치아 공화국으로 이루어진 신성 동맹인 연합 함대의 저항은 1538년에 프레베자 해전에서 오스만 해군에게 허무하게 대패했습니다. 그 결과, 지중해는 오스만 제국의 지배를 받게 됩니다.

1570년, 오스만 제국은 베네치아 공화국으로부터 키프로스섬을 빼앗고 몰타섬을 공격했습니다. 이때 스페인도 북아프리카 연안의

중앙부에 있는 튀니스를 빼앗기자 펠리페 2세는 오스만 제국군을 도발했습니다.

이듬해, 스페인은 교황청, 베네치아 공화국 등과 새로운 신성 동맹을 맺게 됩니다. 총사령관은 펠리페 2세의 배다른 동생, 오스트리아의 욘이 맡았습니다. 신성 동맹군은 전투 준비를 진행했고, 7월에 이탈리아 북서부의 제노바에서 합류했습니다. 8월에 나폴리 교회에서 출정식을 끝낸 후 9월에는 시칠리아섬 메시나에서 신성 동맹의 함대를 집결시켰고, 오스만 제국과의 싸움을 시작했습니다.

그리고 다음 달, 지중해의 레판토만에서 신성 동맹 함대와 오스만 함대가 충돌하며 레판토 해전이 시작되었습니다. 몇 시간의 격전 끝에 전투는 신성 동맹 함대의 압승으로 끝이 났습니다. 레판토 해전의 승리는 스페인의 최전성기를 상징하는 사건이었습니다.

036 아시아 진출

대항해시대의 스페인 제국은 아프리카와 미국에 이어 아시아로도 진출을 노렸습니다. 스페인에서 가장 먼 아시아의 거점은 바로 필리핀 마닐라시였습니다. 마닐라시는 미겔 로페스 데 레가스피에 의해 식민시가 되었습니다.

아시아와의 교역에는 남미의 식민지로부터 얻은 은이 활용되었습니다. 일 년에 한 번, 갈레온선이라 불리는 대형 범선이 마닐라와 멕시코의 아카풀코 사이를 왕래했고, 아카풀코에서 서쪽으로 건너갈 때는 괌을 기항지로 활용했습니다.

대항해시대 당시 스페인의 무역선은 일본 나가사키현에도 내항했습니다. 일본에서는 스페인과 포르투갈인을 '남만인南蛮人'이라고 불렀고, 이 나라들과의 무역을 '남만 무역'이라 불렀습니다. 스페인과 포르투갈은 중국산 생사와 면직물, 철포, 화약, 가죽, 철, 납, 향료, 모직물 등을 일본에 수출했고, 일본은 은을 중심으로 검, 칠기, 해산물 등을 수출했습니다.

스페인은 이때 무역뿐만 아니라 포교도 진행했습니다. 예수회의 사비에르는 일본을 방문한 것을 계기로 일본에 기독교(가톨릭) 포교를 진행했습니다. 1587년, 규슈 지방을 지배하려 했던 도요토미 히데요시는 나가사키가 예수회의 토지가 되었다는 사실을 알고 기독교를 예의 주시했습니다. 그는 우선 영주인 다이묘大名가 기독교를 믿고 싶다면 사전에 허가를 받도록 했습니다. 그 후, 하카타에서 기독교 선교사 '바테렌'의 추방령을 발표했으며, 20일 이내에 국외 퇴거를 명했습니다. 이 '바테렌'이라는 호칭은 기독교 선교사를 뜻하는 스페인어 '파드레Padre'가 변형된 것입니다.

한편 기독교 포교와 무역은 별개라고 판단했기 때문에 추방령이 내려진 이후에도 일본의 남만 무역은 계속되었습니다. 덕분에 선교사의 일부가 일본에 머물면서 포교를 계속하는 등, 추방령은 엄격하게 지켜지지는 않았습니다. 이렇게 스페인과 일본의 무역은 에도 시대 초기까지 이어졌습니다. 그러나 이후 에도막부는 기독교에 대한 대책으로 해외와의 무역 통제가 필요하다고 보았고, 이에 1624년에 스페인선의 내항을 금지하면서 스페인과 일본의 무역은 끝이 났습니다.

 # 예술 작품을 남긴 스페인의 거장들

스페인의 미술은 1830년 이후 유럽 모든 나라에 알려질 정도로 유명했습니다. 자유주의 개혁으로 궁핍해진 수도원이 대량의 미술품을 국외로 유출했고 전통주의적인 프랑스 회화에는 없는 신비함이 눈길을 끌었습니다.

1541년에 크레타섬에서 태어난 도메니코스 테오토코폴로스는 '그리스인'을 의미하는 '엘 그레코'라는 이름으로 더 잘 알려져 있습니다. 그의 작품은 '스페인의 가장 순수한 영혼'으로 평가됩니다. 그의 그림 속 인물은 신체가 늘어져 있고 선명한 색채와 하늘로 우뚝 솟아오를 것 같은 구도로 그려져 있어 성스러움을 자아냅니다. 고향인 그리스, 그리고 이탈리아의 영향을 받은 그는 서양 회화사에 한 획을 그은 인물입니다.

벨라스케스는 1623년, 24세 때 펠리페 4세의 초상화를 그렸고 궁정화가로 활약했습니다. 궁정에서 다양한 명작을 남긴 그는 사실주의와 명암법을 기초로 고전적인 표현을 가미한 화풍으로 유명합니다.

고야는 1789년에 꿈에 그리던 궁정화가로 임명되었습니다. 그는 병으로 청각을 잃었지만, 당대의 지식인들과 교류하는 등 다양한 인생 경험을 하며 권위에 가려진 인간의 본질을 탐닉했습니다. 1800년대의 전시하에서는 비극적인 회화를 끊임없이 남겼습니다.

고야

벨라스케스

엘 그레코

20세기가 되면 다양한 시점을 한 장의 그림에 집약시킨 큐비즘 수법을 발명한 피카소, 초현실주의 회화의 대표 주자인 달리, 독자적인 추상적 수법을 추구한 미로 등이 등장합니다. 이들은 모두 카탈루냐 출신입니다. 어쩌면 이들의 작품에서 그 지역 문화의 독자성을 볼 수 있을지도 모릅니다.

수천 명을 처형한 '대심문관', 토마스 데 토르케마다

스페인 이단 심문 제도의 초대 장관

스페인에서 이단을 심판하는 종교재판은 1478년에 로마 교황 식스토 4세 시절부터 인가를 받아 가톨릭 군주가 도입한 것입니다. 콘베르소 사이에 숨어 있는 유대교도를 찾아 처벌한 것을 시작으로 가톨릭 신앙에 의해 신민과 국가의 통일을 이루려는 철저한 노력에서 출발했습니다.

이 제도의 초대 장관은 세고비아의 산타클로스 수도원장과 이사벨 1세의 고해 신부를 역임했던 도미니코회 수사, 토마스 데 토르케마다였습니다. 일설에 의하면 그는 피고인에게 심한 고문을 하거나 수천 명을 화형에 처했고, 유물 한 점 남지 않도록 모든 물품을 불태웠을 뿐만 아니라, 그 재도 버렸다고 전해집니다. 다만 토르케마다의 잔혹한 동상 이미지와 스페인의 이단 심문 동상은 여러 다른 나라가 전개했던 반(反)스페인 선전 중에 과장된 면이 있습니다. 러시아 작가 도스토옙스키도 그를 《대심문관》의 모델로 삼았다고 합니다.

합스부르크가에서 부르봉가로

037 네덜란드와의 분쟁

오늘날 홀란드^{Holland}라는 이름으로도 불리는 네덜란드는 17개의 주州로 구성된 스페인·합스부르크가의 영토였습니다. 그러나 아우크스부르크 화의의 영향으로 가톨릭에 의한 통일은 쉽지 않았습니다. 펠리페 2세는 신교도인 칼뱅파를 박해했고, 사람들에게 무거운 세금을 부과했으며, 상공업의 이익을 스페인 본국만 독점하도록 했기 때문에 네덜란드 사람들의 원성을 샀습니다.

이런 상황에서 1566년에 칼뱅파에 의해 성상聖像(예수 그리스도 또는 성모 마리아상)을 파괴하는 운동이 시작되었습니다. 이 혼란을 수습하기 위해 카스티야의 대귀족인 알바 공작이 네덜란드 총독으로 파견되었습니다. 알바 공작은 펠리페 2세의 통치에 반발하는 귀족을 처형했습니다. 이에 네덜란드의 귀족들은 1568년에 반란을 일으켰고 독립전쟁(80년 전쟁)이 시작되었습니다. 이 반란을 이끈 사람은 칼뱅파를 지지했던 오라녜 공 윌리엄입니다.

알바 공작의 뒤를 이은 레케센스는 전쟁의 조정을 계획했지만 쉽지 않았고 오히려 반란군이 우세한 것처럼 보였습니다. 하지만 이후, 돈 후안 데 아우스트리아와 파르마 공작이 전쟁의 판도를 뒤바꿀 반격을 한 결과, 1579년에 네덜란드 남부(현재의 벨기에를 중심으로 한 지역)는 아라스 동맹을 결성하고 스페인과 강화를 맺었습니다.

한편, 네덜란드 북부에 있는 일곱 개의 주(홀란트, 위트레흐트, 제일란트, 헬데를란트, 오버레이설, 프리슬란트, 흐로닝언)는 그해에 위트레흐트 동맹을 결성하고 독립전쟁을 이어 나갔습니다. 현재의 네덜란드에 해당하는 이 주는 1581년에 펠리페 2세의 통치권을 부정하는 선언을 발표했고, 이 선언으로 네덜란드 연방공화국이 건설되었습니다. 이처럼 독립전쟁은 칼뱅파가 많은 네덜란드 북부와 가톨릭 신도가 많은 남부가 서로 다른 결말을 맞이하는 데 큰 역할을 했습니다.

스페인은 1580년에 포르투갈을 동군연합으로 편입시켰습니다. 그 결과, 포르투갈의 영토인 아시아와 브라질까지 지배 지역을 넓혔지만, 사실 스페인은 고액의 빚을 진 상황이었습니다. 스페인의 재정난은 펠리페 2세의 아버지인 카를로스 1세 시대에서부터 시작되었습니다.

스페인은 이러한 국가 재정난을 공채公債(정부가 세수의 부족을 메우기 위해 발행한 채권)의 발행과 이탈리아나 독일의 금융업자들에게 빌리는 등의 방법으로 해결하려 했습니다. 그러나 부채 이자는 눈덩이처럼 불어났고 펠리페 2세는 1557년, 최초로 파산을 선언했으며 국고에서 돈이 나가는 것을 정지시켰습니다. 그리고 채무 대부분을 변제 기간이 훨씬 긴 공채로 돌려서 이자가 나가는 것을 막았습니다. 그러나 이런 노력에도 재정은 호전되지 않았고 1560년에도 파산을 선언하게 됩니다.

그 후에도 네덜란드의 독립전쟁과 프랑스의 위그노 전쟁(가톨릭 신도와 위그노라 불리는 칼뱅파와의 종교 전쟁) 개입 등의 출비, 1588년에는 잉글랜드와의 아르마다 해전의 출비 등도 더해져, 1596년에도 또 한 번 파산을 선언하게 됩니다. 또한, 소비세Milliones(고기, 기름, 식초, 와인에 부과된 세금) 등의 증세로 나라의 손실을 해결하려 한 결과, 신민에게도 큰 부담을 주는 꼴이 되었습니다.

네덜란드 북부의 일곱 개 주가 스페인의 지배를 부정하자 잉글랜드의 엘리자베스 1세는 이를 지원하고 나섰습니다. 게다가 민간선에 사략면장私掠免許(민간인에게 나포를 허락하는 허락장)을 부여하여 스페인의 배와 스페인 영토의 약탈을 일삼았습니다. 이 때문에 스페인은 영국에 대한 대응책을 마련해야 했습니다.

이에 펠리페 2세는 약 130척의 전함으로 구성된 함대, 통칭 '무적함대(아르마다)'를 영국으로 보내게 됩니다. 1588년, 리스본에서 출항한 무적함대는 잉글랜드와 프랑스 사이에 있는 도버해협에서 잉글랜드 함대의 공격을 받았습니다. 100척도 되지 않지만 기동력이 뛰어났던 잉글랜드 함대의 포격과 때마침 소멸 중이던 태풍의

영향이 겹쳐 무적함대는 큰 피해를 입었습니다. 이후, 스페인은 함
대를 재정비하는 데 성공했지만, 제해권(일정 해역의 군사적 지배권)을
점점 잃게 되었습니다.

펠리페 2세의 치세도 끝이 날 무렵, 대외 전쟁의 실패와 국내 수공업의 쇠퇴 등으로 스페인은 점점 약체화되기 시작했습니다. 이러한 상황에서도 펠리페 2세는 국왕으로서 사명감을 잃지 않고 죽기 직전까지도 정무를 보았습니다. 그리고 1598년 9월, 펠리페 2세는 엘 에스코리알 궁전에서 서거했습니다. 후계자로 즉위한 펠리페 3세는 네 번째 부인인 안나(신성 로마 황제 막시밀리안 2세의 딸)와의 사이에서 낳은 아들이었습니다.

펠리페 3세는 아버지와 달리 정치에 관심이 없었고 국정을 총신(총애하는 신하)들에게 맡겼습니다. 이것이 17세기 스페인 정치의 특징인 총신제寵臣制입니다. 총신 중 한 명인 레르마 공작은 외교면에서는 1609년에 네덜란드와 12년간 휴전협정을 맺는 등, 화평책을 펼치며 공헌했습니다. 한편, 국내에서는 1609년부터 1614년 사이에 약 30만 명의 모리스코를 국외로 추방했습니다. 발렌시아나 아라곤에서는 뛰어난 기술을 가진 모리스코 농민을 상당수 잃게 되었고 경제는 큰 타격을 받았습니다.

한편 17세기에 들어서도 스페인과 프랑스의 대립은 끝나지 않았습니다. 그러나 레르마 공작이 1611년 프랑스와 협정을 맺어 1615년에 프랑스 왕 루이 13세에게 펠리페 3세의 딸인 안나를 시집보내고, 펠리페 3세의 아들 펠리페(훗날 펠리페 4세)를 루이 13세의 여동생인 엘리자베스와 결혼시키면서 프랑스와의 관계가 개선되었습니다.

17세기 프랑스 왕가와의 관계

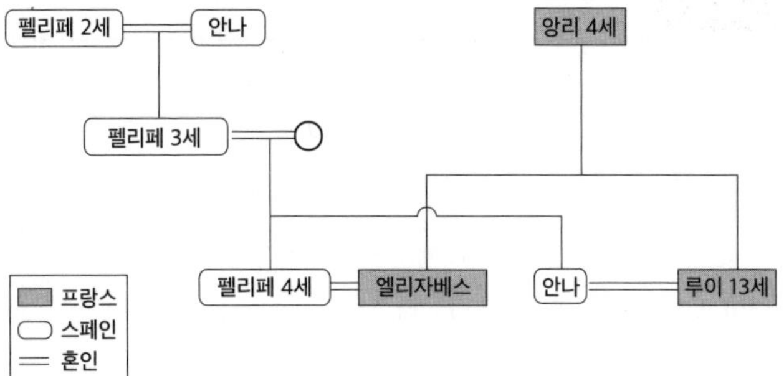

041 농업의 위기

　스페인은 원래 농업 기술이 좋지 않았기 때문에 생산성이 낮다는 문제점이 있었습니다. 17세기에 들어서자 농촌은 더욱 황폐해지기 시작했습니다. 유럽 전체의 인구가 감소하고 경기가 크게 후퇴한 영향으로 농민들이 경작지를 포기하거나 마을을 떠난 것이 그 이유였습니다.

　이런 상황으로 스페인에는 식량 위기가 닥쳤습니다. 특히 카스티야의 곡창지대인 티에라 데 캄푸스의 1580년과 1640년의 생산량을 비교해 보니 밀 생산의 경우는 약 40퍼센트가 감소했습니다. 설상가상으로 일용직 농민이 대폭 늘어나기 시작했고 그들의 생활 환경은 비참한 수준이었습니다.

올리바레스 백작의 행정개혁

펠리페 3세가 서거한 뒤 즉위한 펠리페 4세는 충신 올리바레스 백작에게 국정을 맡겼습니다. 이에 올리바레스 백작은 국제 사회에서 스페인의 위상을 유지하려는 개혁을 시작했습니다. 우선, 행정면에서는 중앙집권화를 주도했습니다. 서로 달랐던 카스티야 왕국과 아라곤 연합 왕국의 정치 체제를 카스티야 형식으로 통일하고자 한 것입니다. 또한, 체제 긴축을 계획하고 관료가 따로 주머니를 찰 수 없도록 관리하는 것 외에도 사치품 금지, 극장과 매춘 시설 폐쇄 등을 진행했습니다. 재정면으로는 관료의 소멸에 따른 인건비 삭감과 긴축 재정이 이루어졌습니다.

한편 대외적으로는 군사력을 강화하는 데 집중했습니다. 1620년에 참전한 30년 전쟁의 개입을 강화하는가 하면, 네덜란드 독립 전쟁의 휴전협정을 갱신하지 않고 1621년부터 북부의 일곱 개 주와 전쟁을 재개했습니다. 스페인의 전 지역에서 '군대통합계획'이라는 징병 정책을 추진하기도 했습니다.

1635년부터는 신교도 측을 지원하며 30년 전쟁에 개입한 프랑스와의 전쟁도 시작했습니다. 프랑스는 가톨릭을 믿는 국가였지만, 루이 13세 치하의 재상 리슐리외는 오스트리아와 스페인의 합스부르크가가 강력해지는 것을 두려워했기 때문에 30년 전쟁에는 신교도 측으로 참전했습니다. 플랑드르나 프랑스 북부에서는 스페인이 승리했지만, 1643년 로크루아 전투에서는 무적으로 알려진 스페인 보병대가 프랑스군에게 패배하고 말았습니다.

043 카탈루냐의 반란

카탈루냐에서는 군대통합계획을 시작으로 올리바레스의 정책에 대한 불만이 고조되었습니다. 그 와중에 카탈루냐 내에 머물고 있던 스페인 국왕군(카스티야군)의 약탈에 격노한 그 지역 농민이 1640년 6월에 바르셀로나에서 폭동(카탈루냐 반란 또는 수확 전쟁)을 일으켰고, 그 결과로 국왕의 대리였던 총독이 살해당했습니다. 이 사건을 계기로 카탈루냐 지방의 자치 정부를 구성하는 귀족 등 특권 신분층을 포함한 주민들에 의해 반란이 시작되었습니다.

그중 특히 특권 신분층은 10월에 프랑스와 방위 협정을 맺고 스페인으로부터 이탈을 계획했습니다. 그리고 1641년에는 프랑스왕 루이 13세를 바르셀로나 백작으로 임명했습니다. 그러나 프랑스군의 약탈에 대한 반발이 거세졌고, 전쟁에 의한 피폐, 역병의 유행 등의 악재가 겹치자, 주민들은 전쟁을 꺼리게 되었습니다. 이 때문에 1652년 바르셀로나는 스페인에 항복했고 반란은 끝이 났습니다.

두 전쟁의 끝

1618년에 시작된 30년 전쟁은 오랜 갈등 끝에 1648년 베스트팔렌 조약으로 종결되었습니다. 이 조약으로 네덜란드 연방공화국의 독립은 국제적으로 승인받았습니다. 그러나 프랑스와의 전쟁은 계속 이어졌고, 1658년 케르크 전투(사막 전투)에서 프랑스군에게 패배한 것을 계기로 1659년 피레네 조약을 맺고 평화를 맞이했습니다.

이 조약으로 스페인은 당시 프랑스와의 국경 부근에 있던 루시용Roussillon과 세르다냐Cerdaña의 절반 정도를 할양했습니다. 또한, 펠리페 4세의 딸인 마리아 테레사와 프랑스 왕 루이 14세의 결혼도 결정되었습니다. 프랑스는 스페인에 거액의 지참금을 요구했고 스페인은 이 요구에 동의했지만, 실제로 지불하지는 않았습니다.

줄어드는 스페인 영토

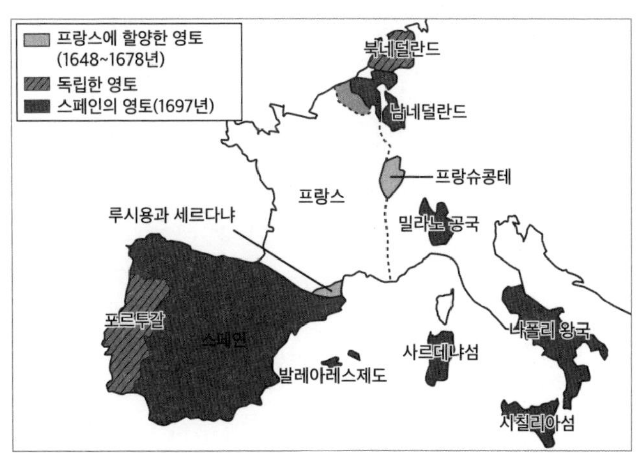

045 포르투갈의 독립

1580년 이후 포르투갈은 스페인 영토에 속해 있었습니다. 그러나 1640년, 카탈루냐에서 발생한 반란을 진압하라는 출병 명령에 반발하면서 브라간사 공작을 국왕 주앙 4세로 추대하고, 스페인으로부터 독립을 선언했습니다. 카탈루냐의 반란과 프랑스와의 전쟁이 한창이던 스페인은 포르투갈의 문제 또한 처리해야 했습니다.

스페인의 공격으로 고통받던 포르투갈은 1650년부터 전쟁 상태였던 영국에 식민지 무역을 개방하는 등 교섭으로 화약을 성립시키며 지원을 받는 데 성공했습니다. 독립전쟁은 주앙 4세를 이은 다음 왕인 아폰수 6세 시절까지 계속되었고, 결국 영국의 개입으로 1668년에 리스본 조약을 맺고 독립하게 됩니다. 포르투갈의 독립을 승인함으로써 스페인은 포르투갈령이었던 브라질 등에 대한 영향력도 잃게 되었습니다.

046

스페인의 계승자는 누구?

루이 14세 치하의 프랑스는 펠리페 4세 시대부터 계속해서 스페인을 도발했고, 스페인의 영토를 빼앗으며 끊임없이 전쟁의 압력을 넣었습니다. 펠리페 4세의 뒤를 이어서 국왕이 된 카를로스 2세 때도 마찬가지였습니다.

카를로스 2세는 선천적으로 병약하여 후사를 남기지 못하는 몸이었기 때문에, 그가 살아 있을 때 차기 국왕 문제를 논의해야만 했습니다. 원래 다음 국왕으로 예정되었던 오스트리아 합스부르크가의 요제프 페르디난트가 1699년에 사망하고, 1700년에 카를로스 2세도 사망하면서 스페인에서 합스부르크가의 대가 끊어지고 맙니다. 카를로스 2세는 유언으로 '루이 14세의 손자인 부르봉가의 필리프를 후계자로 지명한다'라는 말을 남겼고 필리프는 프랑스의 왕위 계승권을 포기하는 조건으로 이 유언을 받아들였습니다.

그런데 필리프가 스페인 국왕 펠리페 5세로 즉위하자, 루이 14세는 필리프도 프랑스 왕위를 계승할 가능성이 있다는 뉘앙스를 풍겼습니다. 이에 오스트리아 합스부르크가는 크게 반발하였고, 신성 로마 황제 요제프 1세의 동생 카를 대공은 본인이 정통한 스페인 국왕 카를로스 3세라고 주장하며 나섰습니다. 잉글랜드, 네덜란드, 포르투갈은 유럽 각국의 세력 균형을 유지해야 한다고 생각했고, 이에 카를 대공을 지지하는 '대동맹'을 결성했습니다.

이렇게 1701년에 스페인 계승 전쟁이 시작되었습니다. 이 전쟁은 유럽제국을 끌어들인 국제전쟁이면서 스페인 국내의 내전 양상도 보였습니다. 아라곤, 카탈루냐, 발렌시아는 카를 대공을, 그 외의 카스티야 등은 필리프를 지지했습니다. 국제전쟁으로 보면 대동맹 측이 우세였지만 스페인 국내에서는 필리프 측이 전투에서 유리했고, 1707년에 아라곤과 발렌시아는 항복했습니다.

047

스페인 부르봉가의 시작

전환점은 1711년이었습니다. 요제프 1세가 서거하자, 카를 대공이 카를 6세로서 신성 로마 황제로 선출되었습니다. 카를 6세가 스페인 왕위를 겸하면 유럽의 세력 균형이 무너지리라 내다본 영국은 필리프 측과의 강화를 원했습니다. 그 결과, 1713년의 위트레흐트 조약과 1714년 라슈타트 조약으로 국제전쟁의 강화가 맺어집니다. 필리프는 프랑스 왕위를 계승하지 않는 조건으로 스페인 국왕으로 인정받습니다. 이렇게 현재의 스페인 왕가이기도 한 스페인 부르봉가가 시작되었습니다.

스페인은 지중해 연안의 해상 교역에서 중요한 지브롤터와 메노르카섬을 영국에게 할양하였고, 남네덜란드와 밀라노 공국, 나폴리 왕국, 사르데냐섬을 신성 로마 제국에 할양했습니다. 1714년 9월 11일에는 카탈루냐 중에서도 마지막까지 저항했던 바르셀로나가 함락되었고 실질적으로 스페인 계승 전쟁은 종결되었습니다.

전후, 스페인 국왕 펠리페 5세는 중앙집권화를 목적으로 '신조직 왕령'을 발표합니다. 전쟁에서 자신에게 반항한 아라곤, 발렌시아, 그리고 특히 카탈루냐의 지방 특권인 푸에로스Fueros를 폐지함으로써 지역별로 달랐던 제도나 관습 체제를 해체하고 카스티야식으로 통일을 강행했습니다.

스페인 계승 전쟁 후의 유럽

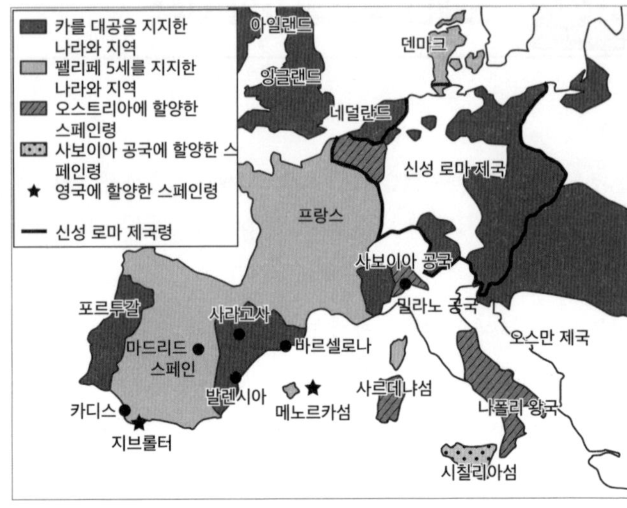

1733년 폴란드 국왕 아우구스트 2세가 서거하자 폴란드 계승 전쟁이 발생했습니다. 스페인은 프랑스와 함께 프랑스 왕 루이 15세의 장인인 스타니스와프 레슈친스키를 지지했습니다. 그러나 이 전쟁은 아우구스트 2세의 아들인 아우구스티누스 3세가 폴란드 왕이 되면서 종결되었고 1738년에 빈 조약이 체결되었습니다. 이 조약으로 스페인은 나폴리, 시칠리아를 획득했지만, 파르마와 피아첸차는 오스트리아에 할양했습니다.

1740년, 스페인은 프랑스와 함께 오스트리아 계승 전쟁도 참전합니다. 이 전쟁은 1748년 아헨 조약을 맺고 평화적으로 종결되었습니다. 그리고 스페인은 교전국인 오스트리아로부터 폴란드 계승 전쟁에서 할양한 파르마와 피아첸차를 되찾았습니다.

북미 대륙에서는 1754년부터 영국과 프랑스 사이에 식민지를 둘러싼 전쟁이 시작되었습니다(프렌치 인디언 전쟁). 스페인은 1761년부터 프랑스 측으로 참전했지만, 영국에게 공격을 받고 쿠바 등을 점령당했습니다. 전쟁은 영국의 우위로 진행되었습니다.

이 전쟁뿐만 아니라 프랑스는 1756년부터 7년 전쟁도 진행 중이었습니다. 마찬가지로 이 전쟁에서도 스페인은 프랑스 측으로 참전했고, 1762년에는 프랑스와 함께 포르투갈을 침공했지만 영국 등의 지원을 받은 포르투갈에 격퇴당하고 맙니다.

결국 프랑스는 프렌치 인디언 전쟁 등 식민지에서의 전쟁도 패배하고, 1763년에 영국, 스페인과 파리 조약을 맺습니다. 이 조약으로 스페인은 영국으로부터 쿠바를 반환받았지만, 북미의 플로리다를 영국에 할양했고 미국 식민지의 권익을 양도했습니다. 그리고 프랑스로부터 북미 루이지애나의 미시시피강 서쪽 부근을 획득했습니다.

계몽적 개혁

펠리페 5세의 뒤를 이은 페르난도 6세는 군의 강화, 재정 개혁, 문화 진흥 등 다양한 부분에 손을 대기 시작합니다. 그의 사후 1759년에 왕위를 계승한 사람은 카를로스 3세였습니다. 이미 나폴리 왕 카를로 7세였던 그는 계몽사상(이성과 합리주의를 말하는 사상)의 영향을 받아 다양한 개혁을 진행했습니다.

우선, 농업 부분에서는 스페인 중앙부와 남부에서 지주에게 토지를 빌려 농사를 짓던 차지농借地農의 신분을 안정시키기 위해 그들을 독립자영농민(경지와 가축을 소유하여 스스로 경제 활동을 하는 농민)

으로 바꾸는 시도를 했습니다. 이러한 시도는 지주들로부터 반발을 사 실패로 끝났지만, 개척 사업이 진행된 새로운 정주 지역에서는 어느 정도 성과를 올렸습니다.

공업면에서는 자유 경쟁을 저해한다는 이유로 비판을 받던 기존의 길드를 해체 대신 배제하는 형태로 특산품 제조를 보호하는 정책을 시행했습니다. 직물 제조업에서는 방직(실을 짜는 것)을 농촌 사람들에게 맡겨 공업을 활성화하며 농가의 수입을 증대하려 했습니다. 덕분에 특히 카탈루냐에서는 면공업이 발전할 수 있었습니다.

무역면에서는 재정난 때문에 관세를 내리기가 어려웠다는 점과 영국 등 외국 제품과의 가격 경쟁을 이유로 보호무역을 유지했습니다. 대신에 라틴아메리카와는 무역의 자유화를 진행했습니다.

이 같은 산업 개혁 외에도 사회복지나 교육, 특히 초등교육의 중요성을 강조하는 등, 카를로스 3세는 계몽적 개혁을 통해 민중의 생활·문화 수준을 끌어올리고자 했습니다.

하지만 스페인 왕권의 모든 개혁은 어디까지나 절대왕정의 강화와 안정이라는 목적하에 이루어졌습니다. 그 탓에 정치와 종교의 관계를 손대는 일은 절대 없었습니다. 스페인에서 왕권은 교회 권력 그 자체였으며, 왕권은 국내의 모든 교회를 종속시키려 했기 때문입니다. 그래서 스페인 왕권보다도 로마 교황청이 우월하다는 사상을 갖고 있던 예수회는 스페인에서 추방당했습니다.

북미 대륙에서는 1775년부터 미국 독립전쟁이 시작되었고, 이 듬해 미국은 독립을 선언했습니다. 1778년에는 미국과 프랑스가 동맹을 맺고 1781년 요크타운 전투의 승리를 거쳐 1783년의 파리 조약으로 독립을 달성합니다.

스페인은 1779년부터 미국 측으로 참전했고 스페인 계승 전쟁에서 영국에게 빼앗겼던 지브롤터를 프랑스와 함께 포위하는 등 영국에게 타격을 입혔습니다. 파리 조약이 맺어지자, 영국은 프랑스, 스페인과 베르사유 평화조약을 맺었고, 스페인은 스페인 계승 전쟁에서 빼앗겼던 메노르카섬과 7년 전쟁에서 할양했던 플로리다를 되찾게 됩니다.

라틴아메리카에서는 스페인인들에 의한 혹사와 유럽에서 들어온 역병으로 선주민인 인디오의 인구가 급감 중이었습니다. 이로 인한 노동력 부족을 해결하기 위해 스페인은 라틴아메리카에 아프리카 대륙의 흑인 노예를 들여왔습니다. 이들은 주로 광산과 대규모 농원에서 노역했습니다.

이렇게 해서 라틴아메리카의 식민지에는 백인, 인디오, 흑인을 비롯해 그들의 혼혈인 메스티소(백인과 인디오), 물라토(백인과 흑인), 삼보(인디오와 흑인) 등으로 구성된 복잡한 사회가 형성되기 시작합니다.

18세기 후반이 되자 스페인 본국은 라틴아메리카 지역의 지배를 강화했습니다. 그러자 라틴아메리카 주민들의 반발이 심해져 대규모 반란이 발생합니다. 1780년, 잉카 제국 최후의 황제 투팍 아마루의 후손인 투팍 아마루 2세가 반란을 일으켰으며, 이 반란은 현재의 페루를 시작으로 콜롬비아, 베네수엘라, 볼리비아, 아르헨티나까지 퍼져 나가 스페인의 지배 체제를 흔들기 시작했습니다.

1781년에는 미국의 독립전쟁 참전을 위한 세금 인상에 불만을 품은 크리오요인(라틴아메리카 출생의 백인) 상인을 중심으로 누에바그라나다 부왕령(현재의 콜롬비아)에서 민중에 의한 반란도 발생했습니다.

052

프랑스 혁명이 터지다

카를로스 3세의 아들인 카를로스 4세가 국왕이었던 1789년에 프랑스 혁명이 발생합니다. 카를로스 4세의 측근이었던 재상 고도이는 프랑스 왕 루이 16세를 구출하려 했지만, 루이 16세는 1793년 1월에 처형당하고 맙니다.

이에 스페인은 영국이 제창한 제1차 대對프랑스 동맹에 참여했습니다. 1793년부터 프랑스와 치른 전쟁의 주요 전장은 바스크와 카탈루냐였습니다. 그리고 이 전쟁이 스페인에 재정적인 부담을 주게 됩니다.

이후 프랑스에서는 국민공회를 대신하여 총재정부가 들어섰고 스페인은 프랑스 측으로 정책 노선을 틀기로 결정합니다. 1795년 바젤 조약이 맺어지면서 스페인과 프랑스 사이에는 다시 평화가 찾아왔습니다.

053 고도이를 향한 불만

　이후 고도이는 1799년에 프랑스 정권을 장악한 나폴레옹과 보조를 맞춥니다. 이것이 화근이 되어 스페인은 영국과 적대 관계가 되었습니다. 나폴레옹이 1804년에 국민투표로 프랑스 황제 나폴레옹 1세로 즉위하자, 영국은 제3차 대프랑스 동맹을 결성합니다. 나폴레옹은 영국 본토를 공격하기 위해 동맹국인 스페인과 연합 함대를 영국으로 보냈습니다. 그러나 1805년, 연합 함대는 트라팔가르 해전에서 넬슨 제독이 이끄는 영국 함대에 패배합니다. 그 결과, 18세기 중반부터 재건이 진행되었던 스페인 함대는 침몰했고 바닷길은 차단되었으며 라틴아메리카와의 무역이 끊기게 됩니다.

　이러한 상황에서 나폴레옹은 1806년에 대륙봉쇄령을 내리고 유럽제국에 영국과의 통상을 금지하는 등, 영국을 고립시키려 했습니다. 그리고 이를 방해하는 영국의 동맹국 포르투갈을 정복할 계획을 세웠습니다. 프랑스는 포르투갈로 군대를 보내기 위해 스페인을 지나갈 권리를 요구했고 이에 대한 대가로 포르투갈 영토 일

부를 나눠 주겠다고 약속했습니다. 고도이는 이를 받아들여 1807
년에 퐁텐블로 조약을 맺었습니다.

　그런데 나폴레옹은 단순히 지나가는 것에 그치지 않고 프랑스
군을 스페인에 주둔시켰습니다. 스페인 민중은 이에 분노했습니
다. 심지어 페르난도 7세를 중심으로 고도이를 싫어하는 귀족들이
민중을 부추겼고, 1808년 3월에 수도 마드리드에 가까운 스페인
중심부인 아란후에스에서 고도이에 대항하는 폭동이 발생합니다.
이 일로 고도이는 실각했고 카를로스 4세도 퇴위했습니다.

스페인의 국기, 국장, 국가

역사가 깊게 녹아 있는 디자인

스페인의 국기에는 그 역사가 깊이 담겨 있습니다. 1785년의 해군기에서 유래하여 1981년에 국기로 제정되었습니다. 국기의 가운데는 노란색(금색), 위아래는 붉은색입니다. 노란색은 6세기 무렵 서고트 왕의 용감함을, 붉은색은 스페인을 지키기 위해 스페인인들이 흘린 피를 상징합니다.

중심에서 왼쪽 부분에 있는 국장은 오래전 이베리아반도에 있던 다섯 왕국의 문장(깃발)으로 구성되어 있으며 각각 '성', '왕관을 쓴 사자', '황금색 바탕에 붉은색 세로줄 네 개', '체인 형태의 십자가', '석류 열매와 잎'이 그려져 있습니다.

또한, 중앙에 있는 '세 개의 나리꽃'은 부르봉가를 나타냅니다. 바로 위쪽과 오른쪽 기둥에 있는 왕관은 스페인 왕의 것으로 군주제를 표현하며, 왼쪽 기둥에 있는 왕관은 신성 로마 황제의 것입니다. 이 두 기둥을 감싸는 붉은 리본에는 라틴어로 'Plus Ultra(더욱더 멀리 나아가다)'라고 쓰여 있습니다. 이는 카를로스 1세 시절에 시작된 스페인 제국의 광대함을 상징합니다.

스페인의 국가인 〈국왕 행진곡〉은 가사가 없습니다. 이 곡은 원래 〈척탄병(근세 유럽 육군 보병이라는 것이 정설) 행진곡〉이라고 불렸으며, 18세기 중반에 왕실 공식 행사에서 연주되었습니다. 이것이 정식 국가로 사용된 것은 비교적 최근인 1997년입니다. 20세기

초반의 알폰소 13세 시대와 그 이후인 프랑코 독재정권 시절에는
독자적인 가사가 있었고, 다른 노래를 국가로 사용한 적도 있었지
만, 현재는 가사가 없습니다.

국기 '피와 황금의 깃발'로 불린다.

국장 좌우 두 개의 기둥은
'헤라클레스의 기둥'으로
으로 불린다.

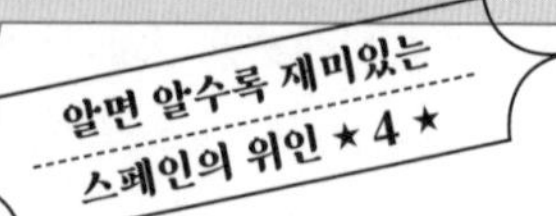

스페인의 걸작 《돈키호테》를 쓴 미겔 데 세르반테스

근대소설의 근본인 돈키호테!

세르반테스는 가난한 외과 의사의 자식으로 태어났습니다. 그리고 1569년에 이탈리아에서 군인이 되었습니다. 그는 레판토 해전에서의 활약으로 얻은 상처를 평생 자랑스러워했습니다. 1575년 오스만 제국과의 해전에서는 잡혀 포로가 되기도 하지만 1580년에 풀려납니다. 그리고 1585년에 소설 《라 갈라테아》를 출판했습니다. 이어서 희곡도 썼지만, 그 작품은 평가받지 못했습니다.

이후 1605년에 《돈키호테》(전편)을 출판하여 큰 호평을 받았고, 1615년에는 제2부(후편)도 발표했습니다. 이 작품은 최초의 근대소설로 지금도 전 세계 사람들의 사랑을 받고 있으며, 성서 다음으로 발행 부수가 많은 작품입니다. 늙은 기사가 때로는 좌절도 하지만 끝내 자신의 이상을 좇아 여행하는 이 이야기는 작가인 세르반테스 자신의 인생을 반영하고 있는 듯합니다.

반란과 독립의 19세기

1808년, 고도이의 정치에 반대하는 폭동을 계기로 스페인에서는 카를로스 4세를 퇴위시킨 아들 페르난도가 페르난도 7세로 즉위합니다. 이 사건에 대해 보고받은 나폴레옹은 카를로스 4세의 친자를 바욘(스페인 국경에 가까운 프랑스 남서부)으로 불러들여 왕위를 포기하라고 강요합니다. 1808년 5월 2일, 프랑스군이 스페인의 다른 왕족도 프랑스로 데려가려 하자 이를 저지하려는 군중이 궁정 앞에 모여 충돌이 발생했습니다. 하지만 이러한 저항은 프랑스군에 진압당했고 5월 3일 동안 수백 명이 총살당했습니다. 이 광경은 스페인의 화가 고야의 유명한 그림 〈마드리드, 1808년 5월 3일〉에 그대로 남았습니다.

나폴레옹은 결국 형인 요제프를 호세 1세로 즉위시키고 바욘으로 스페인의 의회를 소집했습니다. 그리고 프랑스가 만든 바욘 헌법을 받들어 보나파르트 왕조의 성립을 승인했습니다. 이렇게 스페인에는 호세 1세를 국왕으로 한 친불정권이 들어섰고, 이 정권은 온건한 자유주의 개혁을 지향했습니다. 그러나 스페인 사람 대부분은 호세 1세를 국왕으로 인정하지 않았고, 그 결과 스페인 독립전쟁이라 불리는 반나폴레옹 전쟁이 시작되었습니다.

나폴레옹의 야심에 맞서다

스페인은 프랑스의 침공에 저항했고 독립전쟁을 시작했습니다. 프랑스의 지배를 피한 지역에서는 저항 조직으로서 지역구 평의회가 결성되었고, 이후 지역별로 정리된 지역 평의회가 조직되었습니다. 이어서 1808년 9월에는 아란후에스에서 지역 평의회의 대표로 구성된 중앙 최고 평의회junta suprema central가 결성되었습니다. 이 중앙 최고 평의회는 호세 1세의 친불정권에 대항하는 정부 역할을 하게 됩니다.

중앙 최고 평의회에는 절대왕권의 재건을 노리는 귀족과 성직자, 오랜 지배체제로부터 탈피한 의회정치를 원하는 지식인, 부르주아 같은 자유주의자 등 다양한 입장의 사람들이 참여했습니다. 그들의 공통 목적은 페르난도 7세를 국왕으로 귀국시키는 것이었습니다.

독립전쟁은 영국과 포르투갈이 동맹을 맺은 덕분에 평의회 측에 유리하게 진행되었습니다. 스페인 사람들의 저항운동으로 호세 1세는 일시적으로 수도 마드리드에서 퇴진하였지만, 나폴레옹이 스페인으로 원정을 오자 형세는 역전되었습니다. 그는 1808년 12월에 마드리드를 점령하고 호세 1세를 마드리드로 귀환시킵니다.

나폴레옹 본인은 1809년 1월에 프랑스로 귀환했지만, 그해 초부터 1811년 말까지 프랑스군은 스페인의 주요 도시를 점령하기 시작합니다. 그러나 프랑스군은 각지의 민중이 전개한 게릴라전으로 어려움을 겪었고 보나파르트 왕조는 결국 스페인의 모든 땅을 지배하지는 못했습니다.

056 근대적인 의회의 탄생

프랑스군의 공격이 심해지자 중앙 최고 평의회는 아란후에스에서 스페인 남서부의 세비야와, 좀 더 남쪽에 있는 항구도시 카디스로 도망쳤습니다. 1809년 10월, 중앙 최고 평의회는 의회 소집을 요청했지만, 전쟁 상황이 나빠졌고 전쟁을 지휘할 능력도 부족하다는 사실이 드러났습니다. 그 결과, 중앙 최고 평의회는 1810년 초에 지휘 권한을 다섯 명으로 구성된 섭정 위원회에 양도했고 의회 개최 전에 해산했습니다. 섭정 위원회는 1810년 9월에 카디스에서 임시 왕국 의회를 개최합니다.

이 카디스 의회는 스페인의 첫 근대적 의회로 의원들은 각 지역에서 선출될 예정이었습니다. 그러나 프랑스군에게 점령당한 지역에서는 실제로 의원을 선출하기가 어려웠습니다. 그래서 각 지역에서 카디스로 피난한 그 지역 출신자가 의원 대행으로 참여하게 되었습니다. 의회의 주도권을 쥔 것은 변호사, 지식인, 귀족, 성직자, 상인 등 다양한 직업의 자유주의자들이었습니다. 단, 의원의 3분의 1이 성직자였고, 농민과 직공은 의원이 될 수 없는 등 보수적인 면도 있었습니다.

1812년부터 1813년까지 스페인의 반[反]호세 1세파와 영국·포르투갈 연합군은 프랑스군과의 전투에서 연승을 기록 중이었습니다. 나폴레옹이 러시아 원정 실패로 스페인 주둔군을 줄였기 때문입니다. 이렇게 내외 정세의 영향으로 1813년 6월에 호세 1세는 퇴위했습니다. 그리고 그해 10월, 라이프치히 전투에서도 프랑스군은 러시아, 오스트리아, 프로이센 등으로 구성된 연합군에 패배합니다. 12월, 발렝세[Valencay] 조약으로 페르난도 7세의 복위가 인정되었으며 그 후 1814년까지 프랑스군은 스페인에서 완벽하게 물러났고 독립전쟁은 스페인 측(반호세 1세파)의 승리로 끝났습니다.

독립전쟁 당시의 스페인

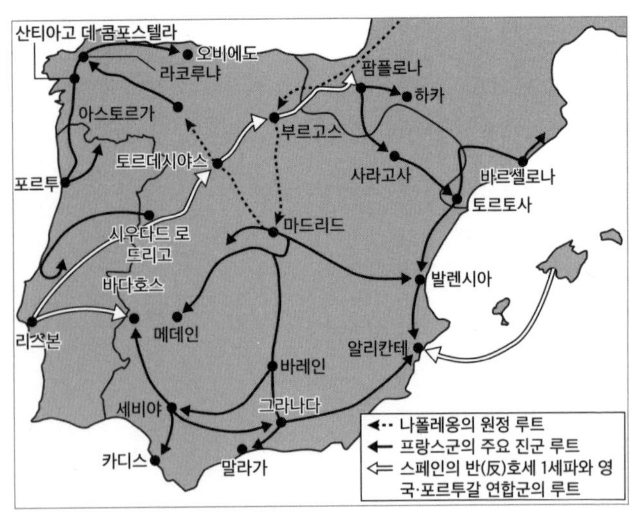

스페인 헌법 제1호

카디스 의회는 주권이 의회에 있다고 선언하고, 오랜 지배체제의 해체와 근대화를 지향했습니다. 예를 들어 영주재판권(영주가 영지 내의 재판을 집행할 권리)을 폐지하고 고문을 금지했습니다. 그리고 1812년 3월, 스페인인들이 처음 자력으로 만든 자유주의적인 헌법인 카디스 헌법이 공포됩니다. 이 헌법에는 입헌군주제와 남성 보통 선거제 등이 포함되었고 개인의 자유와 권리를 중시했습니다. 단, 가톨릭을 국교로 하며 신앙의 자유를 인정하지 않는 등 보수적인 면도 남아 있었습니다.

카디스 의회에 참가한 자유주의자들은 1814년 1월에 수도 마드리드로 이동하여 페르난도 7세에게 카디스 헌법을 받아들이게 할 목적으로 의식을 준비했습니다. 그런데 막상 1814년 3월에 페르난도 7세는 스페인으로 귀환한 뒤 절대왕정 부활을 선언합니다. 그 후 그는 자유주의자를 탄압하기 시작했고, 카디스 헌법과 카디스 의회의 행동 그 자체를 무효로 하는 왕령을 발표했습니다.

대항해시대 이후, 스페인은 라틴아메리카에서 광대한 식민지를 획득합니다. 스페인의 식민지는 북미 대륙의 멕시코부터 중미를 거쳐, 포르투갈령이었던 브라질 이외의 남미 대륙까지 뻗어 있었습니다.

스페인 본국이 나폴레옹의 침략을 받자 라틴아메리카 식민지에 대한 지배력이 약해졌고, 독립운동이 일어납니다. 이 독립운동을 지도한 사람은 스페인 본국에서 페닌술라르(본국에서 태어난 백인)와의 대우 차이에 불만을 품은 크리올이었습니다. 한편 북미 멕시코에서도 성직자인 이달고의 지도로 1810년에 인디오와 메스티소가 봉기합니다. 그러나 이 봉기는 대부분의 크리올 지배층으로부터 지지를 얻지 못했고 진압되었습니다.

그러던 1820년, 스페인 본국에서 리에고에 의하여 '프로눈시아미엔토pronunciamiento'라는 쿠데타가 성공을 거둡니다. 그러자 스페인 본국의 자유주의적 정책에 불만을 품었던 멕시코의 크리올은 독립운동을 주도했고, 멕시코는 1821년에 독립합니다.

남미에서는 베네수엘라 출신의 볼리바르와 아르헨티나 출신의 산마르틴이 각각 북부와 남부에서 독립운동을 펼쳤습니다. 페루는 산마르틴의 지도로 1821년에 독립을 선언했지만, 스페인은 이를 인정하지 않았습니다. 그러자 산마르틴은 볼리바르에게 지원을 요청했고 페루의 독립운동을 볼리바르에게 일임합니다.

1824년, 볼리바르는 부하인 스쿠레와 함께 아야쿠초 전투에서 스페인군을 격파하고 페루의 독립을 확정했습니다. 이는 페루만이 아닌 라틴아메리카 전체의 독립을 결정짓는 사건이었습니다. 이렇게 1810년대부터 1820년대에 걸쳐, 많은 라틴아메리카 제국이 스페인으로부터 독립했습니다.

라틴아메리카 제국의 독립

060 3년으로 끝난 자유주의

1820년 1월 1일, 군인인 리에고는 스페인 본국에서 쿠데타를 일으키면서 카디스 헌법의 부활을 요구했습니다. 이 반란의 영향은 국내 각지로 퍼졌고 페르난도 7세는 1820년 3월에 카디스 헌법의 부활을 인정합니다. 1820년 7월에는 의회가 소집되었고, 의원의 대다수를 차지했던 자유주의자들에 의한 정권이 성립되었습니다. 신정권은 카디스 의회에서 이단 심문 제도를 폐지하는 등 자유주의적 정책을 실행하고자 했습니다.

그러나 절대왕정의 부활을 노리는 세력에 의한 저항도 여전했을 뿐만 아니라 자유주의자들 사이에서도 온도 차가 존재한 탓에 국내 정세는 혼란스러웠습니다. 결과적으로 자유주의 정부는 외국의 간섭으로 무너지고 말았습니다. 나폴레옹이 몰락한 뒤 유럽에서는 나폴레옹 등장 전으로 돌아가고자 하는 빈 체제가 형성되었고, 영국과 프랑스, 러시아와 같은 열강은 스페인에서 발생한 자유주의 운동이 각국으로 확대되는 것을 경계했습니다. 이러한 이유로 1822년에 프랑스는 이탈리아 발로나에서 열린 의회에서 스페인에 대한 군사 개입을 의뢰받게 됩니다.

1823년 4월, 프랑스군이 스페인을 침공하자 자유주의 정부는 페르난도 7세를 수도 마드리드에서 세비야, 카디스로 끌고 다니며 저항을 이어 갑니다. 그러나 결국 1823년 9월에 프랑스군에게 무너져 페르난도 7세는 풀려납니다. 그 후 10월에 절대왕정이 부활했고, 리에고의 처형과 함께 3년간의 자유주의는 막을 내렸습니다.

061

카를로스파 전쟁

페르난도 7세에게는 아들이 없었기 때문에 동생 카를로스가 후계자로 정해져 있었습니다. 그런데 1830년, 네 번째 부인인 마리아 크리스티나와의 사이에서 공주 이사벨이 태어납니다. 그러자 페르난도 7세는 스페인에 부르봉 왕조가 세워질 당시 폐지된 여성 왕위 계승권을 부활시켰고 이사벨을 차기 여왕으로 정하게 됩니다. 절대왕정을 지지하던 보수파가 카를로스 편에 서자, 마리아 크리스티나는 딸의 왕위 계승권을 지키기 위해 자유주의자들에게 접근했습니다.

1833년 페르난도 7세가 서거하자 이사벨 2세는 어린 나이에 즉위했고 그녀를 보좌하기 위해 마리아 크리스티나가 섭정이 되었습

카를로스파 전쟁의 배경

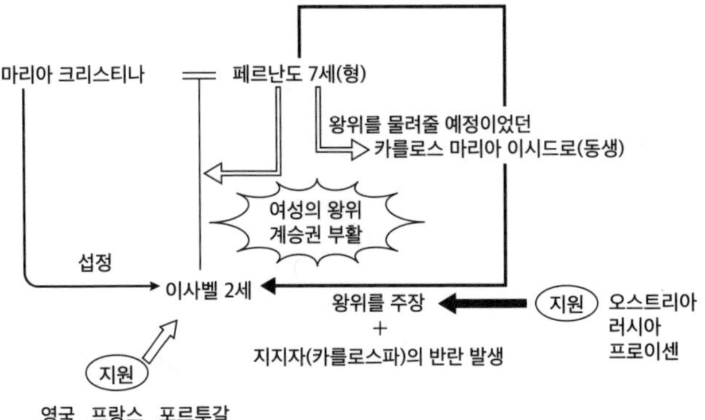

니다. 그러나 카를로스는 이사벨 2세의 왕위 계승을 인정하지 않
고 스스로 국왕 카를로스 5세라 주장했으며, 그의 지지자(카를로스
파)들이 이사벨 2세를 타도할 목적으로 각지에서 들고일어나면서
제1차 카를로스파 전쟁이 시작되었습니다.

카를로스파는 오스트리아, 러시아, 프로이센으로부터 지원을
받아 군사력으로 앞서 있었습니다. 하지만 이사벨파도 오랜 세월
교회가 소유했던 재산을 국유화하고 매각하여 재정을 확충했으며,
1843년에 사국 동맹四國同盟을 체결함으로써 군사력을 강화하고 영
국, 프랑스, 포르투갈의 지원을 받아 반격에 나섭니다. 그 결과, 이
사벨파가 우세를 차지했고 1839년에는 카를로스파와 베르가라 협
정을 맺음으로써 카를로스파의 저항은 대부분 종식되었습니다.

그러나 일부 카를로스파의 저항은 아직 끝나지 않았습니다. 모
습을 바꿔 가며 절대왕정의 부활을 꿈꿨으며 1846년~1849년(제2차
카를로스파 전쟁)과 1872년~1876년(제3차 카를로스파 전쟁)에도 반란을
일으켰습니다.

062

온건파와 진보파의 대립

　자유주의 세력 내부에는 카를로스파 전쟁을 교훈으로 삼아 질서 유지를 우선하려는 온건파와 신속하고 실효성 있는 개혁을 지향하는 진보파의 대립이 있었지만, 다행히도 양측의 타협으로 1837년 헌법이 탄생했습니다. 이 헌법은 카디스 헌법과 비교하면 조금 보수적인 성격을 띠고 있지만, 이 헌법의 제정으로 적어도 법제도적으로는 절대왕정 부활의 싹을 자를 수 있었습니다.

　이후 온건파는 카를로스파 전쟁 시에 만들어진 자유주의적인 정책을 무효화하려 했습니다. 이에 맞서 진보파는 출판의 자유, 교회 십일조(교회가 농민에게 부과한 것으로 수확의 10퍼센트를 납부) 폐지, 선거권 확대 등 자유주의적 개혁을 계속 진행해 나갑니다. 그러자 온건파는 1840년에 지방자치법을 만듭니다. 이 법률은 실질적으로 국왕이 시장을 임명할 수 있도록 하는 내용으로, 대부분 진보파였던 지방 관리를 소탕하려는 목적을 갖고 있었습니다. 진보파는 항의에 나섰고 그중에서도 카를로스파 전쟁에서 활약한 진보파인 에스파르테로 장군은 이 법률의 철회를 요구했습니다. 마리아 크리스티나는 철회에 응하지 않았으나, 결국에는 항의 행동의 압력에 굴복하는 형태로 프랑스로 망명했습니다.

　대신 섭정이 된 에스파르테로는 곧바로 지방자치법을 폐지하고 자유무역주의로 돌아섰고 영국의 면제품을 적극적으로 수입하려 노력했습니다. 하지만 영국 제품과 가격, 품질면에서의 경쟁을 두려워한 카탈루냐의 면공업자들이 이를 반대하면서 바르셀로나에서는 폭동이 발생합니다. 에스파르테로가 이 폭동을 진압하자 그를 지지했던 진보파의 대부분이 반발하며 온건파와 동맹을 맺습니다. 1843년에는 온건파의 장군 나르바에스가 에스파르테로군을 격파했고 에스파르테로는 영국으로 망명합니다.

에스파르테로가 실각한 1843년부터 1868년까지는 이사벨 2세가 친정新政을 했습니다. 에스파르테로가 복귀한 1854년부터 1856년까지 '진보파의 2년'이라 불리는 진보파 정권 시기를 제외하면, 온건파와 자유주의 연합(온건파 내의 혁신파와 진보파 내의 보수파가 합류하여 1854년에 결성된 정치세력)이 교대로 정권을 운영했습니다.

1812년 헌법과 1837년 헌법에는 국민주권이 규정되어 있었으나, 온건파 정권 시절에 만들어진 1845년 헌법에는 국왕과 국민이 함께 주권을 갖는다고 명시되어 있었습니다. 또한 의회의 권한이 축소되는 한편, 각료를 임명하는 권리나 의회를 해산하는 권리 등이 국왕의 권한으로 추가되는 등 보수적인 내용으로 바뀌었습니다. 선거도 투표자를 소수로 제한한 후, 정부가 통제하고 조작했습니다.

1858년부터 1863년까지 자유주의 연합의 장기 정권은 국민의 불만을 외면하면서 애국심을 북돋기 위해 대외정책을 적극적으로 진행했습니다. 그 정책의 일환이 스페인—모로코 전쟁입니다. 예전부터 스페인이 모로코 내에서 영유하던 세우타(지브롤터 해협에 면한 도시)를 둘러싼 전쟁이 그 계기였습니다. 이 시기의 스페인—모로코 전쟁에서는 세우타 영역의 확대와 함께 훗날 시디이프니라고 불리는 모로코 남서부 도시도 획득했습니다. 이에 정부는 일시적으로 국민의 지지를 모으는 데 성공했습니다.

한편, 반격을 노리던 온건파는 1863년부터 1868년까지 반대 세력을 탄압하는 등 강력한 지배를 펼쳤지만, 상황은 개선되지 않았습니다. 이후 온건파는 남북전쟁으로 인한 미국산 면화 가격 폭등, 1866년부터 시작된 유럽의 금융위기로 인한 불황, 밀 흉작으로 발생한 식량 위기에도 제대로 대처하지 못했습니다.

9월의 쿠데타

이사벨 2세를 중심으로 한 체제에 반발하는 진보파와 민주파(진보파에서 분열된 정치세력)는 1866년 벨기에의 오스텐트에서 협정을 맺고 이듬해에는 자유주의 연합에도 참여합니다. 이 협정은 부르봉 왕조의 타도, 남성 보통 선거제에 의한 헌법제정의회의 개최 등을 목표로 삼았습니다. 그리고 1868년 9월에 카디스에서 진보파인 프림 장군 등이 쿠데타를 일으킵니다. 반란군을 이끈 세라노 장군이 정부군을 쓰러뜨리자, 이사벨 2세는 프랑스로 망명했습니다. 이 사건을 '9월 혁명'이라 부르며, 이후 1874년까지의 6년간은 '혁명의 6년'이라 부릅니다.

혁명이 시작되자 세라노 장군을 수장으로 진보파, 민주파, 자유주의 연합이 뭉쳐 임시정부를 구성하였습니다. 임시정부는 기본적

인 인권의 존중과 남자 보통 선거제의 도입을 약속했습니다.

　임시정부는 헌법제정의회의 의원을 선출하기 위해 1869년에 선거를 시행했습니다. 그 결과, 의회는 군주제를 전제로 한 임시정부를 지지하는 세력이 과반수를 차지했습니다. 이 헌법제정의회를 토대로 만든 것이 1869년 헌법입니다. 주권재민, 양원제, 남자 보통 선거제 등이 헌법으로 제정되었고, 출판, 결사, 신앙의 자유 등 개인의 권리가 대폭 인정되었습니다. 이는 동시대의 유럽제국 중에서도 민주적인 헌법으로 평가됩니다.

　신헌법의 정치 체제는 입헌군주제로 정해져 있었기 때문에 차기 국왕을 누구로 할 것인지를 의논하게 되었습니다. 국왕 선출은 부르봉가를 제외할 것 외에는 정해진 것이 없어 난항 중이었습니다. 그러던 1870년 11월, 이탈리아 왕가의 아메데오가 새로운 국왕 아마데오 1세로 즉위하게 되었고, 1871년 1월에 스페인에 도착했습니다. 그러나 1870년 12월에 그를 맞이하는 일에 전력을 다했던 프림이 암살당하는 등 아마데오 1세의 지지기반은 시작부터 불안했습니다.

1871년 선거에서는 진보파, 민주파, 자유주의 연합이 다수파를 차지했지만 그들 사이에서도 대립이 이어져 권력 투쟁은 더욱 심해졌습니다. 게다가 1872년부터 제3차 카를로스파 전쟁이 시작되었습니다. 지지기반이 없어 원래도 불안정한 입장이었던 아마데오 1세는 1873년 2월에 왕위를 포기합니다. 그러자 상원과 하원의 합동 의회가 개최되었고 군주제의 포기와 제1공화정 수립 선언이 이어졌습니다.

공화정이 개시될 무렵, 헌법제정의회를 위한 선거가 이루어졌고 연방공화파가 압승을 거둡니다. 6월에 개최된 신의회에서 새로운 국가 정치 체제는 연방공화정으로 결정되었고 헌법 초안 작성이 시작되었습니다. 이 초안에는 국가, 지역, 자치구 등이 각각의 권한을 가질 것, 쿠바와 푸에르토리코를 포함한 17개의 주로 스페인을 구성한다는 것 등이 포함되어 있었습니다. 그러나 이 법안은 사상적 지도자였던 피 이 마르갈 대통령이 사임한 탓에 제정되지 못했습니다.

당시 국내에서는 독립한 자치구로서 인정받길 원하는 민중이 봉기했고, 국외에서는 쿠바 독립전쟁이 이어졌기 때문에 공화정이 되었어도 어려운 상황은 쉽게 호전되지 않았습니다. 정치는 불안정했고 대통령도 계속해서 바뀌었습니다. 사실상 제1공화정 최후의 대통령이 된 카스텔라르는 사회개혁을 거부했고, 이 때문에 의회로부터 불신임결의를 받고 사임했습니다.

066 순식간에 끝난 공화정

　카스텔라르의 사임 후 중도 좌파 정권이 성립할 조짐이 보이자, 파비아 장군은 쿠데타를 일으켜 의회를 해산시키고 세라노가 신정부를 조직합니다. 세라노는 의회를 열지 않은 채 독재정치를 시행했고 공화정을 보수적인 방향으로 안정시키려 했습니다.

　그러나 1874년 12월에 마르티네스 캄포스 장군의 쿠데타가 성공하면서 이사벨 2세의 아들인 알폰소를 국왕으로 한 왕정 부활이 선언됩니다. 제1공화정은 순식간에 끝났고, 부르봉 왕조에 의한 왕정이 다시 시작되었습니다. 1875년 1월, 지난해 망명처에서 즉위한 알폰소 12세가 스페인으로 귀국했습니다. 왕정복고 체제는 그 후 50년 정도 이어졌습니다.

　알폰소 12세는 프랑스, 오스트리아, 영국 등에서 공부하고 자유주의 사상의 영향을 받은 인물이었습니다. 그는 자유주의 연합의 지도자인 카노바스가 만든 〈샌드허스트 선언문〉에 동의하고 새로운 체제는 절대왕정이 아닌 입헌군주제로 하겠다고 약속했습니다. 왕정복고체제는 적어도 제3차 카를로스파 전쟁과 쿠바 독립전쟁을 종결짓고 신헌법을 제정하는 과제를 완수해야 했습니다.

067 두 개의 정당

왕정이 부활하자 카노바스는 보수당을 결성했고, 1876년 1월 선거에서 승리해 수상으로 취임했습니다. 그리고 그가 재임하던 1876년 헌법이 제정되었습니다. 새로운 헌법은 과거의 헌법을 참고하여 보수적인 색채가 짙었습니다. 의회와 국왕, 각각의 주권이 인정되었고, 계급이 높은 군인과 성직자, 학자, 고액 납세자 등으로 구성된 상원과 선거로 선출된 하원으로 구성된 양원제가 채택되었습니다. 선거제도는 1878년에 남자 보통 선거제에서 제한 선거제로 바뀌었습니다. 그 결과 유권자 수는 약 400만 명에서 약 78만 명으로 일시적으로 격감합니다. 이후 남자 보통 선거제가 다시 시행된 것은 1890년이었습니다.

체제를 안정화하기 위해 활용한 시스템은 보수당과 자유당이라는 두 유력 정당의 정당 교대제였습니다. 보수당인 카노바스에 대항하기 위해 1880년에 진보파, 자유주의 연합, 온건한 구舊공화파가 모여 사가스타를 지도자로 하는 합동당(훗날의 자유당)을 결성했습니다. 이 두 정당은 경제적 엘리트와 유복한 중산계급으로 구성되었기 때문에 큰 차이는 없었고 교대로 정권을 담당했습니다.

068 정말 민주적일까?

보수당과 자유당이라는 두 유력 정당의 정당 교대제를 토대로 의회제 민주주의가 시작되었지만, 실제로는 그리 민주적이지 않았습니다. 두 정당의 정책은 대립적이지 않았고 오히려 상호 보완을 전제로 했습니다. 정권 교대는 두 정당의 단합을 토대로 이루어졌습니다. 그리고 안정된 정치를 시행하기 위해 신정권이 의회에서 다수파를 차지하는 형태로 승리할 수 있도록 선거를 조작했습니다.

정부는 카시케cacique라고 불리는 지도급 인사 등을 이용해서 선거를 조작했습니다. 이러한 시스템을 카시키스모caciquismo라고 합니다. 선거는 내무 장관이 작성하는 당선 예정자 리스트에서 카시케가 유권자를 매수, 협박하여 득표수를 조작하는 방식으로 이루어졌습니다.

민주적인 투표가 아니었기 때문에 선거에 대한 사람들의 관심은 줄어들었으며 투표율은 20퍼센트 이하가 되었고 민의를 반영하는 일은 없었습니다. 이처럼 초기 왕정복고체제의 의회정치는 충분히 민주적이라고 볼 수는 없었지만, 1902년까지 두 정당에서 정권 교대를 7번 실현하면서 정당 교대제가 유지되었기 때문에 정치적으로는 안정된 시대로 평가받습니다.

069 노동자 동맹

19세기가 되자 길드의 해체와 산업의 자유화가 진전되었고 스페인에서도 일부 선진 지역에서 산업혁명이 시작됩니다. 그 결과, 노동자 계급이 탄생했고 노동조합이 결성되었으며 노동운동이 이루어졌습니다.

1879년, 이글레시아스를 서기장으로 하는 사회노동당이 결성되었습니다. 사회노동당은 스페인 최초의 사회주의 정당으로 마르크스주의(독일의 사회주의자 마르크스가 주창한 사상으로, 노동자의 자본가에 대한 계급 투쟁과 사회주의 혁명을 이야기함)를 내걸고 보통 선거제와 노동 시간의 단축, 아동의 노동 금지 등의 개혁을 목표로 삼았습니다.

이 사회노동당의 지도자와 결탁한 노동조합은 1888년에 성립한 노동자 총동맹UGT이었습니다. 노동자 총동맹은 노동조건의 개선을 추구한다는 목표와 함께 노동자와 자본가 사이의 단체교섭을 추진했고 교섭 수단으로 파업을 진행했습니다.

쿠바의 독립과 미국-스페인 전쟁

1868년 9월 혁명으로 스페인 본국의 정치가 불안정해지자 식민지인 쿠바도 그 영향을 받게 됩니다. 같은 해 10월에 세스페데스를 지도자로 하는 쿠바 독립전쟁이 시작되었습니다. 최종적으로 스페인 본국은 쿠바에 정치범의 석방과 노예제 폐지 등을 약속하고 1878년에는 산혼 조약Paz de Zanjón을 맺음으로써 전쟁은 끝이 났습니다. 그러나 산혼 조약에 따른 정치개혁은 진행되지 않았으며, 쿠바의 최대 무역 대상이었던 미국과의 통상을 방해하는 스페인 본국의 무역 정책에 대한 반발로 독립운동의 불씨는 다시 타올랐습니다.

1892년 쿠바 혁명당이 결성되었고 1895년에는 마르티를 지도자로 한 독립운동이 시작되었습니다. 이 운동은 동부에서 시작되어

전통적으로 독립에 큰 관심이 없었던 서부 지역으로도 확산했습니다. 카노바스가 지도하는 보수당 정권은 군사력으로 문제를 해결하려 했지만, 쿠바의 저항은 사그라들지 않았습니다.

카노바스가 암살당한 후 성립된 사가스타의 자유당 정권은 1897년에 자치권, 관세 자유권, 보통 선거제, 쿠바인과 스페인인의 권리 평등화 등의 화해 정책을 발표했지만, 쿠바는 이를 받아들이지 않았습니다.

쿠바와의 통상을 방해하는 스페인에 불만을 품은 미국에서도 쿠바의 독립운동에 개입했습니다. 1898년 2월에 쿠바의 하바나 항구에 정박하고 있던 미국의 군함 메인호USS Maine가 폭발하여 침몰하는 사건이 발생했고 미국은 이를 스페인의 소행이라며 4월, 스페인에 선전포고합니다. 미국—스페인 전쟁의 시작이었습니다.

전쟁은 태평양과 카리브해에서 전개되었는데, 필리핀의 카비데와 쿠바의 산티아고 해전 등에서 패하며 스페인의 완패로 끝났습니다. 스페인은 파리 강화조약에서 카리브해의 푸에르토리코와 태평양의 필리핀과 괌을 미국에 할양했고 쿠바의 지배권도 잃었습니다. 이렇게 1902년, 쿠바는 스페인으로부터 독립했고 미국의 보호국이 되었습니다.

아름답기로 소문난 스페인 궁전

스페인의 대표적인 건축물은 알람브라 궁전과 엘 에스코리알 궁전입니다. 이 두 궁전 모두 1984년에 세계유산으로 등록되었습니다.

그라나다 남동부에 있는 알람브라 궁전은 스페인의 마지막 이슬람 왕조였던 나스르 왕조의 왕궁으로, 스페인의 이슬람 문화를 상징하며 현재도 그 모습을 유지하고 있습니다. '알람브라'라는 이름은 '붉은 성'을 뜻하는 아라비아어 '알 칼라 알함라'Al-Qala'a al-Hamra' 에서 유래했으며 붉게 칠한 성벽으로 둘러싸인 지역 전체를 가리킵니다. 나스르 왕조의 창시자인 무함마드 1세가 창건한 성벽은 동서 726미터, 남북 180미터나 됩니다.

엘 에스코리알 궁전

알람브라 궁전

종유석(스탈락타이트)으로 된 천장, 아라베스크 문양의 벽면, 지면에서 가까운 벽 쪽에는 유약을 덧발라 색을 입힌 타일 등이 배치되어 있으며, 오아시스를 연상시키는 연못과 수로, 몇 개의 안뜰 등, 이슬람의 장식 기법을 구사한 환상적인 아름다움을 자랑합니다.

엘 에스코리알 궁전은 마드리드에서 북서쪽으로 약 50킬로미터 거리에 있는 왕궁과 수도원의 복합체로, '산 로렌소 데 엘 에스코리알 왕립 수도원'이 정식 이름입니다. 이 궁전은 펠리페 2세 시대에 만들어진 기념비적 건축물로, 로마의 성 베드로 대성전을 만든 건축가 후안 바우티스타 데 톨레도가 1563년에 건설을 명령받았습니다. 그의 사후에는 후안 데 에레라가 이어받아 1585년에 완성했습니다. 스페인 르네상스 건축의 최고봉으로 별궁, 수도원, 교회, 왕가의 영묘靈廟, 도서관 등도 함께 건설되었으며 많은 예술 작품을 소장하고 있습니다.

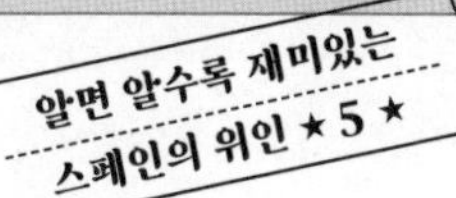

사그라다 파밀리아의 설계자, 안토니 가우디

지금도 건설 중인 엄청난 걸작

바르셀로나를 중심으로 우뚝 솟아 있는 사그라다 파밀리아 외에도 카사 밀라와 구엘 공원 등 안토니 가우디는 보는 사람의 발길을 멈추게 만드는 독창적인 건축물을 설계했습니다. 그는 카탈루냐 출생으로 바르셀로나에서 제도공으로 일하면서 건축학교를 졸업했고, 건축가 자격을 따자마자 1878년에 건축물 몇 개를 설계하는 등 일찍부터 두각을 나타낸 인물입니다. 가우디의 디자인은 자연에서 자란 어린 시절의 원풍경을 모티프로 삼습니다. 그는 건축을 자연의 모든 법칙에서 따온 종합예술로 보았습니다. 서른한 살에 만들기 시작한 대표작 사그라다 파밀리아는 그의 사후 현재까지도 짓고 있으며 완성까지는 몇 년이 걸릴지 알 수 없습니다.

세계대전의 뒤편에서

　미국—스페인 전쟁에서 패배한 스페인은 쿠바, 괌, 푸에르토리코, 필리핀 등 거의 모든 식민지를 잃어 영토가 대폭 축소되었습니다. 패배로 인한 충격 외에도 20세기 초반의 스페인 사회는 여러 문제에 직면하고 있었습니다.

　먼저 19세기 초반부터 광산업과 경공업 분야에서 산업혁명을 경험한 지역이 탄생하기 시작했고, 그 결과 공업 발전이 진행된 카탈루냐 등의 지역에서는 공업 노동자가 정치적·사회적으로 영향력 있는 세력이 되어 노동운동이 성행합니다. 노동운동의 주도 세력은 사회노동당과 그 계열의 노동조합인 노동자 총동맹, 그리고 무정부 조합주의자^{anarcho-syndicalists}의 조합으로 1910년에 조직화된 전국노동연맹이었습니다.

　이 시기 카탈루냐에서는 자치권을, 바스크에서는 독립을 원하는 움직임이 점점 커져 갑니다. 한편, 식민지인 모로코에서는 민족운동이 불타오르는 등 국내외 많은 문제가 포화 상태였습니다.

　이러한 상황에서 1909년 7월, 모로코에서 철도를 부설 중이던 스페인 노동자들이 현지의 민족주의 세력에게 공격받아 희생자가 발생했습니다. 보수당인 마우라 수상은 반란을 진압하기 위해 군을 파견하기로 하고 예비역(전쟁 등의 유사시에만 군인의 임무를 하는 자)까지도 소집했습니다. 미국—스페인 전쟁에서의 대패가 아직도 생생했던 민중은 마우라의 결정에 강하게 반발했습니다.

그리고 7월 26일, 바르셀로나에서 전쟁에 반대하는 총파업(대규모 파업)이 발생했습니다. 이 총파업은 사회노동당의 주도로 이루어졌습니다. 민중은 수도원을 불태우는 등, 점점 폭주하기 시작했습니다.

한편, 마우라는 국민의 기본적 인권을 제한하는 계엄령을 발포하고 바르셀로나에 군을 파견합니다. 7월 31일에는 군이 폭동을 진압했지만, 스페인군과 바르셀로나의 민중이 충돌한 결과 500명 이상의 사상자가 나왔습니다. 이 사건을 '비극의 일주일'이라고 부릅니다.

민중의 반발을 잠재우려는 마우라 수상의 잔인한 방법은 국내외로부터 강한 비판을 받았습니다다. 마우라는 이를 인정하지 않았고 국왕 알폰소 13세에게 사표를 제출했습니다. 국왕이 이를 수리하면서 마우라는 결국 수상 자리에서 물러나게 됩니다.

 파업과 테러

1914년, 제1차 세계대전이 발발합니다. 그러나 스페인은 모로코 평정을 구실로 중립을 선언했습니다. 하지만 참전하지 않았다고 해서 제1차 세계대전의 영향에서 벗어날 수는 없었습니다.

세계적인 전시 경기의 영향으로 물가가 상승했고 일용직 농민과 노동자의 생활은 점점 어려운 상황으로 내몰렸습니다. 그래서 1916년에 노동자 총동맹과 전국노동연맹은 공동으로 물가 상승의 억제와 임금 인상을 요구하는 파업을 진행했습니다.

이 파업 자체는 성공하지 못했지만, 스페인 각지에서 파업이 발생하기 시작하는 계기가 되었고 그 결과 노동조합은 크게 성장합니다. 특히 전국노동연맹은 테러리즘을 항의의 수단으로 보고 정치가와 자본가를 공격했습니다. 이에 정부는 탄압으로 대응했고 자본가들도 자신들에게 협력적인 노동자를 모아 자위 조직인 '자유노동조합'을 결성하는 등 대항했습니다. 그 결과, 노동자 및 농민과 정부 및 자본가 간의 대립은 점점 심해져만 갔습니다.

1921년부터 1923년 사이에 다토 수상이 아나키스트에게 암살당한 사건, 전국노동연맹 지도자가 자유노동조합원에게 암살당한 사건 등 양측의 테러는 끊이지 않고 이어졌습니다. 결국 이러한 불안정한 사회 정세는 독재체제의 탄생으로 이어졌습니다.

스페인 독감은 어디에서?

1918년에는 스페인 독감이 전 세계적으로 대유행하며 많은 희생자가 생겼습니다. 그런데 일반적으로 '스페인 독감'이라고 부르는 이 질병의 유행 발원지는 사실 스페인이 아닌 미국입니다.

이 전염병이 유행한 시기는 제1차 세계대전 중이었습니다. 전쟁에 참전한 각국은 사기를 유지하기 위해 전염병의 확대, 사망자 수 등의 보도를 검열하여 최소한으로 억제했습니다.

한편, 대전에 참여하지 않았던 스페인에서는 이 질병에 대해 비교적 자유롭게 보도할 수 있었고, 공교롭게도 알폰소 13세가 이 병에 걸려 심각한 상황이었습니다. 이런 이유로 스페인의 피해가 컸다는 이미지가 생긴 탓에 '스페인 독감'이라는 명칭으로 널리 퍼지게 된 것입니다.

074 왕정복고체제의 종말

스페인 국내에서 노동운동이 점점 격해졌고 식민지인 모로코에서는 1920년에 다시 반발이 일어났습니다. 반란을 잠재우기 위해 스페인은 본국의 부대 외에도 모로코인, 쿠바인 등이 참여한 외국인 부대를 투입했습니다. 참고로 훗날 독재를 하게 되는 군인 프랑코는 이 반란의 진압을 지휘하여 이때의 공적으로 육군 소령으로 진급합니다.

스페인은 대군을 투입했지만 1921년 7월에 모로코의 아누알에서 반란군에게 대패했습니다. 아누알 전투에서 스페인군 사상자는 1만 명을 넘었고 많은 병사가 포로로 붙잡혔습니다. 모로코에서의 패배로 군의 책임을 묻는 목소리가 커졌지만, 군은 장비를 충분히

준비하지 못한 정부와 의회에 책임이 있다며 군법 의회에서 군인의 책임을 묻는 것에 불만을 표했습니다. 정부 내에서는 병력의 증강을 요구하는 군에 따를 것인가, 아니면 군사행동을 축소할 것인가로 대립이 생겼습니다.

결국, 의회에서 책임추궁위원회 설립이 결정되었고 1923년 10월에 위원회가 의회에서 조사 결과를 보고하기로 했습니다. 위원회는 군과 정부의 고관, 심지어 국왕의 책임도 추궁할 가능성이 있었습니다.

그러나 이 상황에서 카탈루냐 지구 사령관인 프리모 데 리베라 장군이 1923년 9월 12일 한밤중에 카탈루냐 지방에 계엄령을 선포하고 잠정적으로 군사독재를 내건 쿠데타를 일으킵니다. 군과 교회, 대토지 소유자의 지지를 얻은 이 쿠데타는 성공을 거두었습니다.

사실 프리모 데 리베라는 이 쿠데타를 일으키기 전에 국왕 알폰소 13세로부터 미리 승인을 얻어 놓았습니다. 그는 국왕으로부터 군 수뇌부의 의장으로 임명받아 군사독재정권을 수립했고, 이렇게 19세기 말의 왕정복고체제는 끝이 났습니다.

프리모 데 리베라는 우선 헌법을 정지하고 의회를 해산시켰습니다. 그리고 각 지역에 군인을 배치하고 계엄령을 카탈루냐 외 스페인의 모든 영토까지 확장했습니다. 독재정권 수립에 성공한 배경에는 군과 교회, 자본가나 대토지 소유자뿐만 아니라, 카탈루냐의 자치권 확대를 원한 보수적인 지역주의자, 심지어 국왕 알폰소 13세의 지지가 있었습니다.

　　좌파 세력의 사회노동당과 노동자 총동맹은 프리모 데 리베라
의 행동을 비판했지만, 프리모 데 리베라는 탄압으로 대항했습니
다. 그의 탄압은 점점 과열되었고, 그 영향으로 좌우 양파에서 번
갈아 발생했던 테러가 잠잠해지고 파업 건수도 3분의 1로 줄었습
니다. 또한, 1925년에 스페인과 마찬가지로 모로코의 반란에 위협
을 느꼈던 프랑스와 공동 행동 협정을 맺음으로써 이듬해에 모로
코의 반발도 잠재웠습니다.

여러 치안 문제를 해결한 프리모 데 리베라는 독재체제를 계속해서 유지하려 했습니다. 1925년, 프리모 데 리베라는 계엄령을 철회하고 내각을 부활시켰으며 군인정치에서 문민정치로 바꾸었습니다. 그리고 1927년에는 국민 자문 위원회를 소집합니다. 이 기구는 '자문'이라는 거창한 이름의 입헌 기관이기는 했으나 사실 그렇게 큰 역할을 하지는 못했습니다.

경제 대책으로 프리모 데 리베라는 쿠데타를 일으킨 직후에 '독재의 목적은 경제발전으로 조국에 봉사하는 것'이라고 표명했습니다. 그리고 관세 인상을 통해 시장의 통제와 독점을 유도하여 국내 산업을 보호하고 발전시켰습니다. 대표적인 예시가 국영 석유 공사인 캠프사CAMPSA의 설립입니다. 스페인 국내에서 독점적으로 석유 정제와 판매를 했던 미국 회사인 스탠더드 오일과 네덜란드 회사인 쉘을 강제로 배제하고 캠프사에 독점권을 주었습니다. 또한 국도 건설, 발전發電, 관개 등을 위해 에브로강을 개발하는 등 공공 투자를 적극적으로 진행했습니다. 이 사업들은 관련 회사와 그곳에서 일하는 노동자에게는 큰 도움이 되었습니다.

하지만 이러한 경제정책에는 단점도 존재했습니다. 원래 스페인의 재정력은 빈약했기 때문에 세수를 늘리지 않고 이렇게 적극적인 경제정책을 지탱하기 위해서는 국채를 발행해야 했습니다. 이 때문에 스페인의 재정은 적자 상태에 빠졌고 프리모 데 리베라의 독재체제는 더욱 위태로워졌습니다.

7년으로 끝난 독재

프리모 데 리베라에 의한 독재를 지지한 국왕 알폰소 13세는 반체제 운동의 기세에 불안을 느꼈습니다. 1926년에는 급진당, 카탈루냐 공화당, 좌파 정치가로서 의욕이 넘쳤던 아사냐 등이 참여하여 독재 타도를 목적으로 한 공화주의 동맹을 결성하였습니다. 이들은 그해 그리고 1929년에 쿠데타를 실행했으나 실패로 돌아갑니다. 그러나 이 시도로 군에도 반체제파가 존재한다는 사실이 밝혀졌습니다.

다시 한번 쿠데타가 발생한다는 소문이 돌자, 국왕은 프리모 데 리베라에게 사임을 종용하고 과거 자유당에 소속된 정치가들을 이용해 입헌정치의 부활을 계획했습니다. 졸지에 쫓기는 신세가 된 프리모 데 리베라는 최후의 수단으로 각 군관구의 사령관에게 신임을 요구했지만 거절당합니다. 결국, 1930년 1월에 프리모 데 리

베라는 국왕이 내민 사임 요구를 받아들였습니다. 전년도에 발생한 세계 공황을 계기로 경기가 후퇴한 영향도 있었습니다. 이렇게 해서 7년간의 독재정권은 막을 내리게 됩니다.

　프리모 데 리베라의 독재정권이 무너졌을 당시, 국왕 알폰소 13세는 왕정 폐지를 주장하는 공화주의자 정권이 탄생하는 것을 두려워했습니다. 그래서 1930년 1월 프리모 데 리베라와 같은 군인 출신인 베렌게르를 수상으로 임명하고 입헌왕정을 부활시켜 체제를 유지하고자 했습니다. 수상 취임 당시 베렌게르는 독재체제 이전의 상태로 돌아가겠다고 선언했지만, 그 국왕이 바로 독재체제의 협력자였다는 사실을 간과한 발언이었습니다.

　국왕의 퇴장을 주장하는 세력은 1930년 8월에 바스크의 중심도시인 산 세바스티안^{San Sebastián}에 집결하여 '산 세바스티안 협약'을 맺고 혁명 위원회를 설치합니다. 이 사태를 해결할 방도가 없던 베렌게르는 1931년 2월에 사임했고 그의 후임 수상은 군인 아스나르였습니다. 이후, 아스나르는 국왕과 혁명 위원회의 합동 정부를 수립하고자 했지만, 혁명 위원회가 이를 반대합니다.

　알폰소 13세나 주변의 왕정 지지파는 이 상황에서도 왕정을 유지할 수 있다고 생각했고, 1931년 4월 12일에 지방의회선거를 개최했습니다. 이 선거는 왕정을 존속할 것인지 아닌지를 결정하는 국민투표로서의 측면도 있었습니다.

　선거 결과, 의원 총수로는 왕정 지지파가 우세였지만, 마드리드를 시작으로 많은 대도시에서는 공화파가 승리했습니다. 민중 또한 공화정을 요구하는 데모를 했고, 스페인 각지에서 공화정을 선

언했습니다. 상황이 이렇게 되자 알폰소 13세는 퇴위를 결심하고
프랑스로 망명합니다. 이 일로 스페인은 다시 공화정(제2공화정)이
되었습니다.

제2공화정이 수립되자 혁명 위원회는 알칼라사모라를 수장으로 임시정부를 조직하고 신앙과 결사의 자유 등의 기본 인권 보장과 농지 개혁을 시행한다고 표명했습니다. 임시정부는 신헌법을 제정하려 움직였습니다. 1931년에 헌법제정의회를 위한 총선거를 시행했고, 임시정부 여당이 압승을 거둡니다. 하지만 막상 헌법 초안을 만들려고 하니 특히 가톨릭의 위치를 두고 정교분리를 명기하려 한 아사냐와 여기에 반대하는 알칼라사모라 간의 의견 대립이 발생했습니다.

또한 지역 자치권을 두고도 의견이 갈렸습니다. 결국, 자치권을 획득하고 싶은 지역은 지역 의회에서 협약을 체결해야 하고, 그 지역에서 주민투표를 시행했을 때 유권자 전체의 3분의 2가 찬성해야만 자치권을 부여하는 규정이 만들어졌습니다. 당시에 이 어려운 조건을 다 맞출 수 있는 것은 카탈루냐가 유일했고 실제로 내전 발발 전에 이 절차를 다 끝낸 것은 카탈루냐뿐이었습니다.

신헌법에는 의회의 일원제, 남녀 보통 선거 실시 등의 내용도 포함되어 있었습니다. 대통령은 상징적인 존재로 전락할 듯 보였지만, 실제로는 정치에 깊게 관여했습니다.

079 아사냐의 고뇌

신헌법 제정 후에 대통령이 된 알칼라사모라는 의회 제1당인 사회노동당에서 수상을 뽑지 않고 공화주의 행동당 소속인 아사냐를 지명했습니다. 아사냐는 국가가 대토지 소유자로부터 농지를 사들이고 가난한 일용직 농민에게 빌려주는 방법으로 농지 개혁을 진행했지만, 예산 부족으로 진척은 없었고 농민들에게 실망만 안겨 줬습니다. 또한, 비종교적인 교육을 도입하기 위해 교회에서 의무 교육을 진행하는 것을 금지했지만 역시 예산 부족으로 새로운 공립 학교를 충분히 세울 수 없었고, 학교에 가지 못하는 아이들이 오히려 증가하는 결과를 낳았습니다.

경제계는 전체적으로 노동자 친화적인 아사냐의 개혁에 강하게 반발했고 농지개혁 정지와 노동운동에 대한 강한 처벌을 요구했습니다. 또한, 각료들은 사회노동당 의원의 배제 등을 정부에게 요구하고 나섰습니다. 게다가 정교분리 정책을 진행한 탓에 그의 정부는 신앙심이 투철한 가톨릭 교도들의 원성을 샀습니다.

아사냐 정권은 1932년에 카탈루냐 자치 헌장을 승인했고, 이로써 카탈루냐 자치 정부가 성립하는 등의 성과도 거두었습니다. 하지만 전체적으로는 개혁파, 보수파 둘 중 어느 쪽도 만족시키지 못하고 점점 지지를 잃어 갔습니다. 이런 상황에서 1933년 1월에 카탈루냐와 안달루시아에서 전국노동연맹이 봉기하고 치안 경찰과 군 시설이 폭격당하는 사건이 발생했습니다. 사건은 곧바로 진압되었지만, 소동의 책임을 추궁당한 아사냐는 물러나야 했습니다.

　3월이 되자 정부에 반대하는 가톨릭의 우파를 중심으로 세다 CEDA(스페인 우파 동맹)가 결성됩니다. 이어서 10월, 프리모 데 리베라의 아들인 호세 안토니오가 파시즘 정당인 팔랑헤당을 결성했습니다. 이 당은 1933년 총선거에서 1의석을 획득합니다. 그러나 이것이 제2공화정 시기 팔랑헤당의 최대 의석수였으며, 스페인에서는 파시즘이 자리 잡지 못했습니다.

080 권력을 장악한 우파

아사냐 정권의 혼란스러운 상황을 보고 좌파 정권에 대한 국민들의 실망은 커져만 갔습니다. 그 여파로 1933년 11월에 시행된 총선거에서는 우파인 세다가 115의석을 획득하여 제1당이 되었고, 중도 급진당이 제2당이 되었습니다. 좌파인 사회노동당은 의석수가 절반 가까이 줄어들어 제3당으로 전락했으며 그 밖의 다른 좌파 정당도 대폭 의석수가 줄었습니다. 전국노동연맹이 '선거가 아닌 무장봉기에 의한 혁명'을 주장하였고, 이 때문에 지지자의 일부가 투표를 포기한 것도 좌파가 대패한 원인이었습니다.

선거가 끝난 뒤, 알칼라사모라 대통령은 다시 제1당인 세다에서 수상을 뽑지 않고 급진당 소속의 레룩스(레로)를 수상으로 지명합니다. 레룩스는 세다에 유리한 정책을 일부 펼치며 아사냐 정권의 개혁 당시 많은 불만을 일으켰던 정책을 수정하기 시작했습니다. 예를 들어, 교육을 받을 수 있는 인구를 늘리기 위해 교회에서 진행하는 교육을 사실상 부활시켰고 가난한 농민층을 지키는 정책도 폐지했습니다.

심지어 1934년 10월, 레룩스가 세다의 의원을 입각시키자, 레룩스 정권의 정책이 점점 보수화될 위험이 커진다고 판단한 사회노동당 내에서 급진파가 주도권을 잡게 되었으며, 전국의 당원과 지지자에게 무장봉기 지령을 내렸습니다. '아스투리아스의 10월 혁명'이라 불리는 이 봉기는 거의 모든 지역에서 치안 경찰과 군에 의해 곧바로 진압되었습니다. 단, 북부의 아스투리아스 지방만은 노동조합에 참여한 수가 많았고 다른 지역에서 참여하지 않았던 전국노동연맹도 합세한 덕분에 일시적으로 군 세력을 누를 수 있었습니다. 그러나 결국에는 프랑코가 이끄는 진압군에 졌고 프랑코는 이 공적으로 이듬해, 육군 중장으로 승진합니다.

081 인민전선 정부의 성립

'아스투리아스의 10월 혁명'을 진압한 레룩스 정권은 노동운동 진압에도 박차를 가했습니다. 카탈루냐의 자치권을 정지시키고 농지개혁법의 효력을 실질적으로 정지하는 등 보수적인 정책이 강제로 집행되었습니다.

한편, 이러한 정권의 태도는 뿔뿔이 흩어져 있던 좌파가 하나로 뭉치는 계기가 되었습니다. 아사냐가 불러들인 좌파 통일전선이 사회노동당의 지지를 얻은 덕분에 좌파 세력은 순조롭게 정리되기 시작했습니다. 이것이 훗날의 '인민전선'입니다.

때마침 이 무렵에 레룩스 수상은 부정 추문으로 퇴진 압박을 받고 있었고 이에 급진당은 파멸했습니다. 알칼라사모라 대통령은 의회를 해산한 뒤 1936년 2월 총선거를 진행했고, 인민전선은 이 선거에서 승리합니다.

선거 후, 알칼라사모라 대통령은 아사냐를 수상으로 임명했지만, 아사냐는 알칼라사모라를 대통령직에서 해임합니다. 아사냐는 스스로 대통령이 되었고 수상직을 카사레스 키로가에게 물려주며 인민전선 정부를 세웠습니다.

하지만 인민전선 정부 내부에서는 의회제 민주주의를 지향하는 온건파와 사회주의 혁명 또는 무정부주의 혁명을 지향하는 강경파가 대립 중이었습니다. 또한, 선거에서 패배한 우파는 군과 함께 쿠데타를 계획하고 있었습니다.

한편, 인민전선 정부가 석방한 정치범들은 도시 곳곳에서 파업을 일으키거나 농촌에서 토지를 점거하기도 했습니다. 이 상황에서 우파와 좌파는 서로 정치적 신뢰를 잃고 끊임없이 테러를 일으켰습니다.

스페인 내전이 시작되다

인민전선 정부는 쿠데타 발생을 경계했습니다. 이 때문에 몰라 장군을 스페인 북부의 팜플로나로, 중장이 된 프랑코를 대서양에 있는 카나리아제도로 좌천시키는 등 우파 장교를 중앙에서 배제하였습니다. 그러나 프랑코는 몰라 장군의 도움으로 몰래 식민지인 모로코로 건너가 쿠데타를 준비했습니다. 애초에 반란군의 지도자는 몰라 장군이었고 프랑코는 협력자에 불과했습니다.

1936년 7월 18일, 스페인 각지에서 군 일부가 봉기했고, 이 반란에 대해 정부는 정규군, 치안 경찰, 무장 노동자 등을 투입합니다. 정부군이 마드리드의 반란군과 바스크 등 중요 광공업 도시도 진

내전 당시의 스페인(1936년 7월)

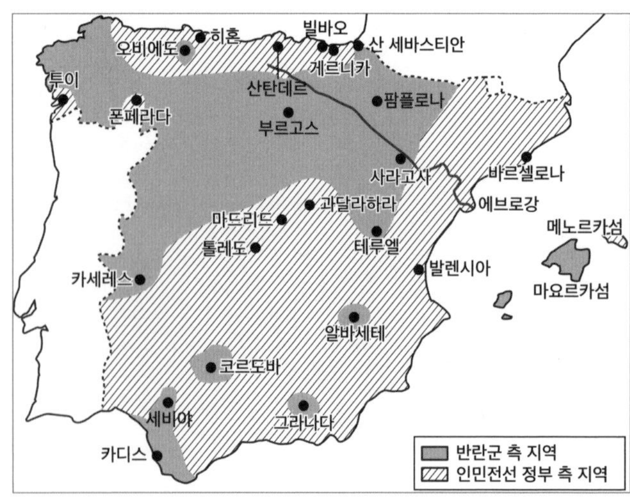

압하면서 군사력으로 정부를 전복하려고 한 이 쿠데타 계획은 실패로 끝났습니다. 그러나, 세비야나 사라고사 등의 대도시는 여전히 반란군의 점거하에 놓이게 되었습니다. 그 결과 스페인은 두 개로 쪼개졌고 이후 3년간 이어진 '스페인 내전'이 시작되었습니다.

083 반란군 vs. 인민전선 정부

1936년 9월, 국제적인 지원을 기대할 수 있게 되자 프랑코는 정식으로 반란군의 총사령관으로 지명되었습니다. 그리고 10월에는 반란군 측의 국가 수장으로 취임했습니다. 프랑코는 1937년 4월에 '정당통일령'을 발표하고 모든 정당을 기존의 팔랑헤당에 합류시킨 뒤, 신新팔랑헤당인 '국민운동'을 탄생시켰습니다. 그리고 스스로 당수가 되어 파시즘 체제를 굳혔습니다.

반란군 측은 히틀러 정권인 독일과 무솔리니 정권인 이탈리아로부터 지원을 받았습니다. 일본도 반란군 측에게 적게나마 무기 원조를 했고 이후, 독일과 이탈리아에 이어서 프랑코 정권을 승인하는 나라가 되었습니다. 또한, 가톨릭교회도 반란군을 강력하게 지원했습니다. 로마 교황청은 반란군을 스페인의 정식 정부로 승인하고 국내외 정치면에서 모두 프랑코를 지지했습니다.

한편 독일, 이탈리아와 대립하던 영국과 프랑스는 분쟁이 유럽 전체로 확대하는 것을 염려하여 스페인 내전에 불간섭을 제창했습

니다. 그 결과, 인민전선 정부는 스탈린이 이끄는 소비에트 연방의 지원을 주로 받게 되었습니다.

국제적인 지원의 격차로 인민전선 정부는 점점 열세로 몰렸습니다. 그러나 세계 각국에서 반파시즘을 부르짖는 지식인과 학생, 노동자 등이 의용병이 되어 스페인으로 건너와 반란군에 맞서 싸웠습니다. 인민전선 정부를 위해 각국에서 모인 '국제여단 International Brigades'이라는 의용병 조직에는 미국 작가 헤밍웨이나 프랑스 작가 말로 등도 참여했습니다.

그러나 인민전선 정부는 열세를 극복하지 못한 채, 1937년 봄 이후 빌바오, 산탄데르, 히혼 등의 주요 도시가 연달아 무너졌습니다. 4월 26일에는 바스크 지역의 도시 게르니카가 독일 항공부대로부터 신형기 시험을 빌미로 무차별 폭격을 당했습니다. 스페인

내전 당시 스페인(1938년 7월)

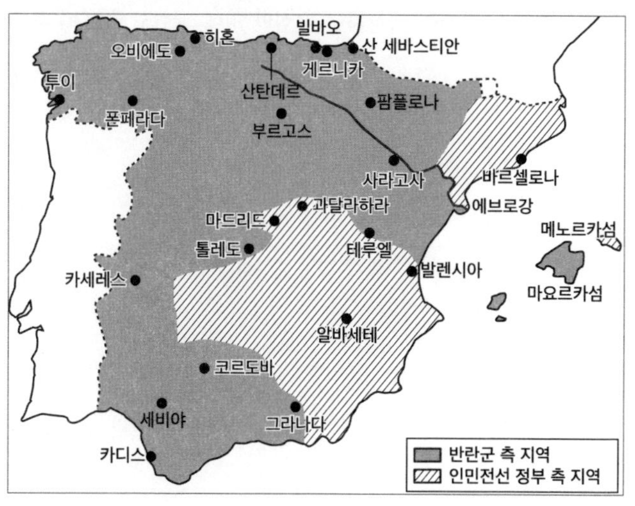

화가 피카소는 이 공습이 있고 한 달 뒤, 많은 사상자를 낸 참화를 소재로 〈게르니카〉라는 작품을 그립니다.

인민전선 정부는 전쟁을 타개할 방법으로 1938년 7월 25일에 에브로강 주변에서 발발한 대공습에 출전합니다. 결과적으로 최후가 된 참전이었습니다. 3개월간 이어진 이 전투로 양측 모두 엄청난 피해를 보았으나 최종 승리자는 반란군이었습니다. 내전에서 승리를 거머쥔 반란군은 그해 말부터 카탈루냐에 총공격을 개시했습니다. 1939년 1월에는 바르셀로나를 함락시켰고 2월 말에는 영국과 프랑스가 프랑코 정권을 승인합니다. 이 일로 아사냐는 대통령 자리에서 물러났고 프랑스로 망명했습니다. 그리고 3월 27일에 마드리드가 함락당함으로써 인민전선 정부는 완전히 붕괴하고 맙니다.

같은 해 4월 1일 프랑코가 내전 종결을 선언했고 이로써 3년에 걸친 내전이 겨우 끝이 났습니다. 이 내전으로 인민전선 정부 측과 반란군 측에서 발생한 사상자는 수십만 명에 달했고 국토는 황무지가 되었습니다.

내전의 수습과 제2차 세계대전

프랑코는 내전 종결 후, 살아남은 인민전선 측에게 엄격한 처분을 내립니다. 군사 법정에서는 인민전선 측의 약 5만 명에게 사형을 선고했고 그 과반수를 실제로 처형했습니다. 또한, 인민전선 측에서 싸운 바스크와 카탈루냐에 대한 제재로 공적인 자리에서의 바스크어, 카탈루냐어 사용을 금지했고 자치권을 박탈했습니다.

이러한 탄압은 1939년에 시행된 '정치책임법'과 1940년에 시행된 '공산주의·프리메이슨 탄압법'에 의해 철저하게 진행되었고, 그 결과로 반체제 운동의 핵심 조직은 파괴되었으며 그 이후에도 효과적인 반체제 운동은 어려워졌습니다.

1939년 9월 1일, 제2차 세계대전이 발발합니다. 독일의 히틀러는 스페인 내전 당시 막대한 지원을 했다는 이유로 스페인이 독일, 이탈리아와 같은 추축국 편에서 참전하도록 프랑코에게 요청했습니다. 그러나 프랑코는 이에 응하지 않았고, 중립을 선언합니다. 내전으로 국토가 황폐해지고 국력이 저하되어 싸울 힘이 남아 있지 않았기 때문입니다. 그런데 독일이 우세한 상황이 되자, 프랑코는 중립을 포기하고 비교전상태(군사적으로만 전쟁에 참여하지 않는 것)를 선언하여 독일과 이탈리아에 대한 정보 제공, 물자 보급 등을 진행합니다.

한편, 1943년 무렵부터 미국 등의 연합국 측으로 전세가 기울자, 스페인은 다시 중립노선을 취합니다. 그리고 전쟁 말기가 되자 프랑코는 유럽 전선에서는 중립, 대(對)소련 전선에서는 반공산주의, 태평양 전선에서는 반일본, 이렇게 세 가지 태도를 보였습니다. 이처럼 제2차 세계대전 중의 스페인은 형식상 중립국이라는 태도를 보인 덕분에 직접적인 피해는 받지 않았습니다.

죽음과 슬픔을 노래한 시인이자 극작가, 페데리코 가르시아 로르카

내전 중에 반란군에게 처형당하다

로르카의 시나 희곡에는 그가 태어나고 자란 안달루시아의 분위기가 느껴지는 작품이 많습니다. 대표적인 시는 안달루시아의 영혼을 묘사한 《집시 로만세》(1928년)입니다. '3대 비극'으로 불리는 희곡으로는 신부와 신랑을 중심으로 파멸해 가는 사람들의 모습을 그린 《피의 혼례》(1933년), 아이를 낳지 못하는 여성의 고뇌를 그린 《예르마》(1934년), 난폭한 어머니에게 성을 억압당한 다섯 명의 딸이 등장하는 《베르나르다 알바의 집》(1936년)이 있습니다.

그의 모든 작품에는 죽음과 인습에 사로잡힌 채 슬픔을 짊어진 여성이 등장합니다. 작품 속에서 보이는 초현실주의적인 요소는 달리나 부뉴엘 같은 예술가와의 친분에서 영향을 받았다고 합니다. 로르카는 《베르나르다 알바의 집》을 유작으로 내전 중에 반란군에게 잡혀 총살당했습니다.

독재에서
민주화로

085 프랑코 정권의 정통성 확보 전략

　프랑코 정권은 내전의 승자였지만 그것만으로는 체제의 기반이 약했기 때문에 가톨릭교회의 전면적인 지원을 적극적으로 활용했습니다. 내전 때부터 스페인의 가톨릭교회는 프랑코군을 무신론과 공산주의로부터 조국을 지키는 '십자군'이라 칭찬했습니다. 또한, 바티칸의 로마 교황청은 프랑코 체제를 정통 스페인으로 승인했습니다. 이렇게 프랑코는 '국민운동'의 지도자가 되었고 군대 외에 정부와 공식 정당의 권한도 성공적으로 장악했습니다. 프랑코는 국가원수, 수상, 육해공 3군의 총사령관을 겸하는 존재가 되었고 '총통'이라 불렸습니다.

　프랑코 정권은 내전 중에 독일과 이탈리아로부터 정통적인 국가로 인정받았던 경험이 있었습니다. 그래서 이 두 국가를 따라 스페인도 파시즘 체제로 만들고자 했지만 똑같이 만들 수는 없었습

니다. 제2공화정 시기 당시 파시즘이 지지받지 못했다는 것 외에
도 가톨릭, 왕당파, 군 등의 다양한 세력이 '국민운동'에 가담하게
된 탓에 기존 팔랑헤당과 그 밖의 다른 세력의 통일을 이루지 못했
습니다. 그 결과, 당원 수는 90만 명 정도에 머물렀고 당을 대표하
여 정치에 관여하는 각료는 평균 25퍼센트에 불과했습니다. '국민
운동'은 프랑코 정권을 지지하는 유일한 공식 정치 조직이었지만,
실제로는 다른 세력과 마찬가지로 유력 지배 집단 중 하나에 불과
했습니다.

정치적 노선을 조정하다

프랑코는 제2차 세계대전 중 추축국 측의 열세를 보고 자신의 체제에 있는 파시즘 색을 빼려고 노력했습니다. 1942년에는 파시스트인 처남 세라노 수녜르 외상을 경질했고 그 이후부터 프랑코는 파시스트식으로 경례하지 않았습니다. 그 후, 오랫동안 프랑코 체제의 중추에는 가톨릭 세력 등이 여러 번 교체를 반복하며 자리했고 팔랑헤당이 중추가 되는 일은 없었습니다.

심지어 '프랑코 정권은 독재국가다'라는 비판을 지우기 위해 기본법이라 불리는 헌법전까지 정리하기 시작했습니다. 내전 후인 1942년에 '의회창설법', 1945년에는 '국민헌장'과 '국민투표법'이 제정되는 등 모든 제도가 정비되었습니다. 이 기본법은 민주적인 요소를 포함하고 있는 것으로 보이지만, 프랑코 정권의 국회는 프랑코가 내린 결정을 치켜세우는 허울뿐인 기관이었습니다. 그리고 의원은 프랑코가 임명제로 앉힌 사람들이어서 민주적인 요소는 없었습니다.

기본법은 총 7개를 공포했지만, 필요에 따라 그때그때 제정했기 때문에 프랑코 정권의 완성이라는 '국가조직법'은 1967년이 되어야 공포됩니다. 이처럼 프랑코 정권이 완성되기까지는 오랜 시간이 걸렸습니다.

국제 사회로부터 고립되다

여러 시도에도 불구하고 프랑코 정권은 국제 사회로부터 비난을 받았습니다. 국제연합총회에서는 '프랑코 정권하의 스페인은 파시즘 국가이며 민주적이지 않다'라고 비판받았고 1946년 12월 12일에는 스페인과 단교를 장려하는 결의가 채택되었습니다. 이에 동조하여 미국과 유럽의 모든 나라는 주스페인 대사를 본국으로 불러들였습니다. 심지어 모든 국제기관도 스페인을 배제했습니다. 이렇게 국제 사회로부터 고립되면서 스페인은 경제적으로도 큰 손해를 입었습니다. 외국과의 무역이 끊겨 어떤 원조도 받을 수 없었기 때문입니다.

이 어려운 상황을 해결하기 위한 유일한 선택지는 내전 때부터 계속된 식량 배급제를 중심으로 한 자급자족 경제정책이었습니다. 이 정책하에 농업, 공업, 무역 등 다양한 경제 활동을 국가가 관리하고 통제했습니다. 그러나 내전으로 피폐해진 공업은 회복할 타이밍을 놓쳤고, 농업 역시 농기구와 농약의 수입이 어려웠기 때문에 밀조차 재배할 수 없었습니다. 당시 유일하게 아르헨티나만이 밀을 수출해 주어 이 식량난을 버틸 수 있었습니다. 심지어 국민 대다수는 배급이 부족하여 야시장에서 웃돈을 주고 식량을 구매해야 했습니다. 임금수준은 내전 전의 50~60퍼센트에 머물렀고 국민들은 궁핍한 생활을 이어 갔습니다.

088 냉전 덕분에 구사일생

이렇게 스페인은 국제 사회에서 배제되었지만, 1940년대 말부터 조금씩 형세가 바뀌기 시작했습니다. 미국을 시작으로 자본주의·자유주의를 표방하는 서방권과 소련 등의 공산주의·사회주의를 표방하는 동방권이 대립하는 '동서냉전'이 시작되었습니다.

미국은 소련을 견제하려면 스페인이 꼭 필요하다고 보았습니다. 이에 서유럽, 지중해, 대서양에 면한 스페인을 서쪽 진영으로 끌어들이고자 했습니다. 스페인을 '반공 방파제'라고 했던 프랑코의 주장이 먹히기 시작한 것입니다. 미국은 유엔^{UN}을 움직여 1950년 11월에 열린 유엔 총회에서 소련, 이스라엘, 멕시코 등이 반대하고 영국, 프랑스가 기권한 가운데 스페인 배척 결의를 철회하는 데 성공합니다.

이렇게 국제 사회로 복귀할 기회를 얻은 스페인은 유엔식량농업기구^{FAO}와 세계보건기구^{WHO}에 가입하고, 미국으로부터 거액의 경제원조를 받아 석유를 수입할 수 있게 되어 에너지 부족도 해결했습니다. 이렇게 겨우 스페인의 경제는 회복하기 시작합니다. 또한, 1953년에는 미국과 상호방위협정을 맺고 미군을 위해 스페인 국내의 기지를 빌려주기로 합니다. 그리고 1955년 스페인이 그렇게 원하던 유엔 가입이 실현되었습니다. 이로써 스페인은 드디어 국제 사회로 복귀했습니다. 그리고 그해, 유럽 경제협력기구^{OEEC}의 준가맹국이 되었습니다.

한편, 스페인이 국제 사회로 복귀하자 반체제파의 입장은 난처

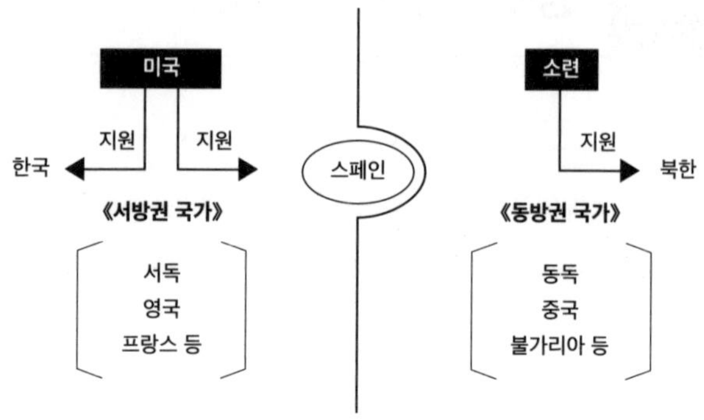

해졌습니다. 그들은 국제 사회가 프랑코 정권에 압력을 가할 것을 기대했지만, 그 기대는 이루어지지 않았기 때문입니다. 효과적인 반체제 운동이 일어나지 않았던 프랑코 정권에서 1959년에 결성된 바스크 독립을 위한 무장 집단 '에타[ETA]'는 테러 활동에 박차를 가했습니다.

  1950년대의 스페인 경제는 국제 사회에 복귀한 덕분에 GNP(국민총생산)가 해마다 5퍼센트씩 상승하는 급성장을 이루었습니다. 그러나 수입만 늘고 수출이 늘지 않아 고민이었고 경제 상황은 계속 악화했습니다. 1959년에는 외화가 부족하여 외채(외국에서 빌린 돈)를 갚을 수 없는 지경에 이릅니다. 인플레이션으로 인한 물가 상승에 임금 상승이 따라가지 못하자 스페인 각지에서 파업이 발생합니다.

  스페인과 거래하던 나라들은 스페인의 경제 파탄을 바라지 않았습니다. 이때, 국제통화기금IMF과 OEEC, 즉 훗날의 경제협력개발기구OECD가 외채 지불에 유예 기간을 주고 경제를 지원하는 대신, 스페인에 재정 수정과 인플레이션의 억제, 무역과 자본의 자유화를 요구했습니다. 프랑코는 이를 받아들여 자급자족 경제정책을 포기하고 '경제 안정화 계획'이라는 명목으로 시장경제를 도입합니다.

090 기적의 경제성장

'경제 안정화 계획'은 물가를 내리는 디플레이션 정책이었기 때문에 단기적으로는 불황이었습니다. 임금이 올라가지 않자 훨씬 좋은 조건을 원하는 노동자가 국외로 빠져나갔습니다. 그러나 물가가 안정되자, 무역과 자본이 자유화되어 외화 저축도 늘어나 스페인의 경제는 호전되었습니다.

1962년, 스페인 정부는 세계은행의 제안을 토대로 '경제·사회 발전계획'을 결정합니다. 여기에는 산업기반의 정비, 수출산업 육성, 지역 개발 등의 계획이 포함되었습니다. 이 경제정책으로 1960년대의 스페인 경제는 1년에 7퍼센트라는 기록적인 성장을 달성했고 전 세계로부터 '기적의 경제성장'이라 불렸습니다. 이는 같은 시기의 일본 다음으로 높은 성장률이었습니다. 1959년부터 1966년 사이 1인당 국민소득은 실제로 40퍼센트나 증가했습니다. 더욱이 이 시기, 서독, 미국, 영국 등이 스페인으로 투자를 늘림으로써 경제 발전은 더욱 가속화되었습니다.

또한, 1960년대의 스페인은 특히 관광산업이 발달했습니다. 경제성장으로 사회가 안정화된 영향도 있어 해외에서 많은 관광객이 스페인을 찾아왔습니다. 1960년에는 연간 약 600만 명이었던 관광객 수가 1965년에는 약 1,400만 명이 되었습니다. 이 어마어마한 관광 수입은 스페인의 재정을 풍족하게 했습니다.

091

프랑코의 진의는?

　제2차 세계대전이 끝나자 전 국왕인 알폰소 13세의 아들 돈 후안은 로잔 언약Lausanne Movement을 발표하고 스스로를 국왕이라 칭하며 왕정복고를 꿈꿨습니다. 돈 후안의 주장은 논리적으로는 문제가 없었습니다. 그러나 프랑코는 돈 후안이 프랑코 정권의 적이었던 공산주의에 너무 관대했기 때문에 그의 주장을 인정하고 싶지 않았습니다.

　프랑코는 1947년에 기본법의 하나인 '국가원수 계승법'을 발표하고 돈 후안 세력인 왕당파의 움직임을 저지하는 데 성공합니다. 이 법은 프랑코 정권이 국왕 부재의 왕정임을 규정했을 뿐 아니라, 프랑코에게 후계 국왕을 임명할 권리가 있다는 내용을 담고 있었습니다. 하여, 돈 후안은 열 살이 된 아들 후안 카를로스를 프랑코에게 맡기고 차기 국왕으로서의 가능성을 엿봤습니다. 프랑코는

후안 카를로스에게 국왕에게 필요한 영재교육을 진행했고, 후계자 후보 중 하나로 삼았습니다.

1960년대가 되어 고령이 된 프랑코의 건강 상태가 나빠지자, 체제의 제도화와 후계자 문제가 다시 급부상하게 됩니다. 1967년에 공포된 '국가조직법'은 프랑코의 사후를 내다보고 정비한 기본법이었습니다. 프랑코 정권은 탄생으로부터 30년 정도가 지나서야 드디어 체계를 갖추게 된 것입니다. 그리고 1969년, 프랑코는 국가원수 계승법을 토대로 후안 카를로스를 후계자로 지명합니다.

그런데 프랑코는 본인이 살아 있는 동안은 후안 카를로스에게 정치 실권을 줄 생각이 없었습니다. 따라서 1973년 6월에 카레로 블랑코 해군 대장을 수상으로 임명합니다. 프랑코가 아닌 다른 인물이 수상직을 맡는 건 프랑코 정권 이래 처음 있는 일이었습니다. 사실상 그를 국가 운영의 실질적인 후계자로 본 것이었습니다. 그런데 그 카레로 블랑코가 수상으로 취임한 지 반년 후, 에타의 구성원에게 암살당하는 바람에 일은 프랑코의 계획대로 흘러가지 않았습니다. 또한, 그해에 제1차 오일 쇼크가 발생하면서 순조로웠던 스페인 경제는 큰 타격을 받게 됩니다.

프랑코는 1975년 10월에 쓰러져 11월 20일, 82세로 생을 마감했습니다. 그가 국민에게 남긴 유언은 '나에게 바친 충성을 카를로스에게 바쳐라, 조국의 적을 경계하라'였습니다. 프랑코가 사망할 무렵, 스페인 국내에서 반체제 운동이 일어날 조짐은 보이지 않았습니다. 포르투갈에서 프랑코와 마찬가지로 장기간 독재정권을 구축한 살라자르가 1970년에 사망하고 4년 뒤에 혁명이 발생한 것과는 대조적이었습니다. 독재체제이면서도 서방권의 일원이기도 했던 프랑코 정권은 큰 파탄이나 혼란도 없이 종말을 맞이했습니다.

프랑코가 사망하고 이틀 뒤, 후안 카를로스 1세가 국왕으로서 국가원수가 되었습니다. 명실상부한 왕정의 부활이었습니다. 그는 프랑코의 교육을 받고 자랐기 때문에 국내외에서는 당연히 프랑코 정권을 계승할 것으로 예측했습니다. 실제로 즉위했을 당시 국회에서 프랑코 정권에 대한 충성을 맹세하기도 했습니다.

그러나 1976년 7월, 후안 카를로스 1세는 새로운 관계였던 43세의 수아레스를 수상으로 임명합니다. 그리고 이는 프랑코의 유지와 달리 적극적으로 민주화를 지향하게 되는 결과로 이어졌습니다. 수아레스는 원래 프랑코 정권에서 '국민운동'의 중요 임무를 맡았고 국영방송의 총재 등으로 일한 프랑코 정권의 간부였습니다. 하지만 수상이 되자 곧바로 총선거 시행을 약속했고 프랑코 정권에 반대하는 세력과 대화할 기회를 만들었습니다. 또한 프랑코 정권에 저항하여 벌을 받은 사람들에게는 특별 사면을 진행하는 등, 민주적인 개혁을 시작합니다.

이러한 일련의 개혁을 수아레스는 '정치개혁법'으로 정했습니다. 이 법률에는 보통 선거 시행, 국회를 상원과 하원, 양원제로 하는 것 등이 포함되어 있었고, 1976년 11월에 8번째 기본법으로 국회를 통과했습니다. 그다음 달에 치러진 국민투표에서는 찬성 94퍼센트라는 높은 지지율을 획득합니다. 스페인의 민주화는 프랑코 정권의 핵심 정치가들이 기초를 다졌다는 특징이 있습니다.

총선거가 가까워지자, 수아레스는 프랑코 정권에서는 비합법이 었던 공산당을 합법화했습니다. 이는 프랑코 정권의 유지를 원하는 군 등의 반대를 누르고 실행한 것이었습니다. 1977년 6월, 41년 만에 총선거가 진행되자, 수아레스를 따르는 중도 노선의 민주중도동맹은 제1당이 되었지만, 수아레스의 높은 인기에도 과반수의 의석을 획득하지는 못했습니다. 제2당은 프랑코 정권에서 비합법이었던 좌파인 사회노동당으로, 양당이 합쳐 총의석의 80퍼센트를 점유합니다.

그리고 수아레스는 법적으로도 프랑코 정권과 결별하기 위해 민주적인 헌법을 제정하고자 했습니다. 1977년 8월에는 주요 정당의 의원으로 구성된 헌법기초위원회가 설치되었고 헌법의 원안을 만들었습니다. 이후, 상하 양원과 헌법기초위원회의 수정을 거쳐 1978년 10월에 상·하원 합동 회의에서 신헌법안이 압도적인 찬성으로 가결되었습니다. 그해 12월에 진행된 국민투표에서는 89퍼센트의 찬성으로 승인되었습니다. 현행 헌법이기도 한 신헌법은 1978년 헌법이라 불립니다.

095　자치주 문제

　　1978년의 헌법으로 국민주권, 기본적 인권의 존중, 국왕을 국민 통합의 상징으로 할 것, 신앙의 자유 등이 정해졌습니다. 이렇게 해서 스페인은 민주적 입헌군주제 국가가 되었습니다. 그러나 지역 문제는 여전히 남아 있었습니다.

　　수아레스는 카탈루냐와 바스크에서 발생하는 자치권 획득 운동이 민주화의 성공 여부에 영향을 끼칠 것을 경계하여 신헌법 제정 전인 1977년 9월, 카탈루냐에 잠정 자치 정부 설치를 인정하고 이듬해에는 바스크와 갈리시아에도 똑같은 조치를 했습니다.

　　수아레스는 처음에는 이 세 지역만을 자치주로 할 생각이었습니다. 이른바 '역사적 자치주'라 불리는 지역이었기 때문입니다. 그러나 다른 많은 지역도 잠정 자치주 설치를 원했기 때문에 수아레스는 그 요구를 들어주기 위해 1978년 헌법에는 모든 지역에 자치권을 부여할 가능성이 있다는 의사를 보였습니다. 그 결과 헌법에는 역사적 자치주를 포함해 고도의 자치권을 가진 자치주와 보통 자치주, 이렇게 두 종류가 정해지게 됩니다.

　　한편, 바스크에서는 스페인으로부터 독립하겠다는 요구가 인정되지 않은 탓에 국민투표로 진행한 신헌법의 찬성률은 약 50퍼센트에 그쳤습니다. 다른 지역과 비교해 꽤 낮은 비율이었습니다. 에타의 테러 활동도 계속되어 1979년과 그 이듬해만 해도 242명의 사망자가 발생했습니다.

096 쿠데타 미수 발생

　수아레스는 민주화 이후의 뚜렷한 정치 포부가 없다는 점과 1979년 제2차 석유 파동으로 스페인 경제가 저조해진 것을 계기로 지지율이 하락하기 시작했습니다. 또한, 민주중도동맹 내에서나 국왕과의 의견 차이도 있어서 1981년 1월에 수상직을 내려놓게 됩니다. 민주중도동맹은 다음 수상으로 칼보소텔로를 지명했지만, 그는 하원에서 절대다수의 신임을 얻지 못했고 수상 취임 문제는 제2차 투표까지 가게 되었습니다.

　그런데 투표 당일인 2월 23일, 테헤로 중령이 이끄는 200명 이상의 치안 경찰 부대가 하원을 점거했고, 군사정권의 수립을 요구하는 쿠데타를 일으킵니다. 그러나 군의 대부분이 이에 동의하지 않았고 국왕 후안 카를로스 1세의 강한 비난을 받아 겨우 하루 만에 진압되었습니다.

서방권의 군사동맹인 북대서양조약기구[NATO]에 가입하는 것에 대해서는 신중해야 한다는 의견이 많았습니다. 사회노동당과 공산당은 국민투표를 요구했지만, 미국의 강력한 요청하에 수상이 된 칼보소텔로 치하의 스페인은 결국 1982년에 NATO에 가입하는 결정을 내립니다.

1982년 10월 총선거에서는 분열 상태였던 민주중도동맹 대신에 좌파인 사회노동당이 정권을 잡고 같은 당의 곤살레스가 수상으로 취임합니다. 사회노동당은 선거 전에 NATO 가맹을 비판했지만, 정권을 획득한 후에는 NATO에 잔류하겠다는 방침으로 돌아섰습니다.

한편, 이 당시 스페인의 수출액 전체의 절반 이상은 유럽 공동체[EC]에 속한 나라들이 점유한 상황이었습니다. 그리고 스페인으로의 투자도 EC 가맹국의 비중이 높아지기 시작했습니다. EC에 속한 나라들은 아일랜드를 제외하고 NATO에도 가입한 상태였습니다. 이런 이유로 스페인은 NATO의 가맹국이 되어야 EC의 가맹국이 될 수 있겠다고 보았고, NATO에서 이탈하지 않은 결과 1986년에 그렇게 원하던 EC 가맹국이 되었습니다.

098

17번째 자치주 수립

그러나 민주화 이후, 스페인 전역으로 자치주 설치를 확대해야 한다는 과제가 여전히 남아 있었습니다. 칼보소텔로의 민주중도동맹 정권과 곤살레스의 사회노동당 정권은 이 문제를 해결하는 데 몰두했습니다.

1981년 10월, 안달루시아는 주민투표로 카탈루냐, 바스크, 갈리시아에 이어서 네 번째 고도의 자치권을 가진 자치주가 되었습니다. 이후에도 각 지역이 자치주가 되었고 1983년 2월에는 자치주가 총 17개에 이르렀습니다. 이른바 '자치주 국가'의 탄생이었습니

17개의 자치주

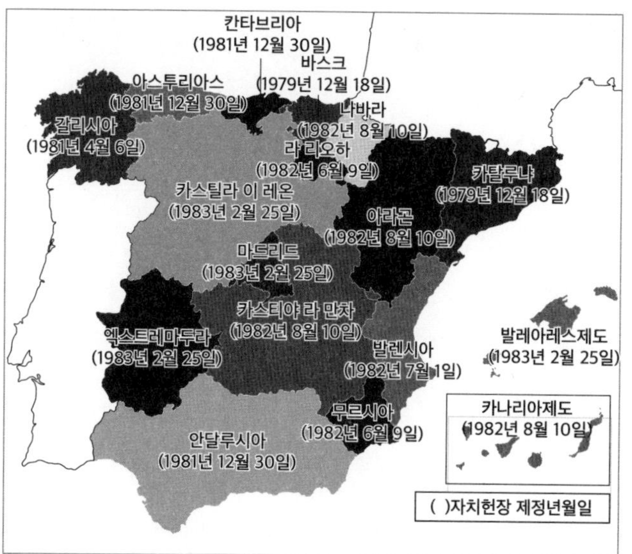

다. 또한, 1995년에는 아프리카의 세우타와 멜리야라는 자치 도시 두 개가 추가되었습니다. 그러나 고도의 자치권을 가진 자치주와 일반 자치주의 혼재는 이후에도 다양한 정치 문제를 일으키는 불씨가 됩니다.

스페인의 스포츠 스타

세계적인 톱클래스의 선수들

스페인 출신의 테니스 선수 라파엘 나달이나 축구 선수 안드레스 이니에스타는 각각 세계적인 활약을 펼친 대표적인 운동선수입니다.

나달은 2005년에 프랑스 오픈 첫 출전에서 우승한 뒤, 거의 매년 이 대회에서 우승을 거두었습니다. 2008년에는 윔블던, 2009년에는 호주 오픈, 2010년에는 US 오픈에서 각각 첫 우승을 차지했으며, 4대륙 대회에서 전부 우승하는 '그랜드슬램'을 달성했습니다. 부상이나 병으로 고생한 시기도 있었지만, 2017년에 복귀하고

이니에스타   나달

2020년에는 통산 1,000승을 달성했습니다. 탄탄한 왼쪽 팔에서 뻗어 나가는 강력한 톱스핀이 특기입니다. 그는 클레이 코트에서 81연승이라는 대기록을 가진 '클레이 코트의 제왕'으로 불립니다.

이니에스타는 화려한 테크닉과 넓은 시야를 가졌다고 해서 '스페인의 보물'이라는 애칭이 있습니다. 12세에 출전한 대회에서 주목받은 이후 곧바로 FC 바르셀로나의 유소년팀에 입단하고 18세에는 1군으로 승격합니다. 이후 차비, 푸욜 등의 팀 동료와 함께 스페인을 대표하는 선수가 되었습니다. 2010년의 남아프리카 월드컵에서는 스페인 첫 우승자 중 한 명이자 세계 최고의 탑 미드필더가 되었습니다. 그리고 2018년에는 J리그 팀, 비셀 고베로 이적을 발표하여 많은 사람을 놀라게 했습니다.

20세기를 대표하는 첼로 거장,
파블로 카살스

세계평화, 민주주의, 자유를 끊임없이 호소하다

카살스가 처음 첼로를 연주한 나이는 11세였습니다. 바르셀로나와 마드리드의 음악원에서 첼로를 배웠으며, 23세가 되었을 때 파리에서 바흐의 <무반주 첼로 조곡> 연주로 데뷔하면서 이후 첼로 연주자로서의 명성을 확고히 다져 나갔습니다.

한편 그는 음악을 특권계급의 전유물로 보지 않았습니다. 1919년에 바르셀로나에서 파블로 카살스 관현악단을 만들고 1925년에는 노동자 음악협회를 설립했습니다. 또한, 그는 세계평화, 민주주의, 자유를 계속해서 호소했습니다. 프랑코 정권에 반대하여 내전 중인 조국을 떠났지만 그를 열망하는 목소리에 응답하여 1950년대에 스페인 국내의 음악제에 출연했고, 고향인 카탈루냐 민요 <새의 노래>를 레퍼토리에 넣었습니다. 1971년에 평화를 향한 염원을 담아 세계 국제평화의 날에 유엔본부에서 이 곡을 연주한 에피소드로 유명합니다.

Chapter 8

오늘날의
스페인

099

2대 정당에 의한 정권

곤살레스 정권 시기의 스페인은 1986년에 EC에 가입한 후로 관광 수입이 점점 증가하기 시작했습니다. 이와 더불어 EC에 의한 개발 원조와 외국으로부터의 투자 등이 증가했고 경기가 호전되기 시작합니다. 이러한 상황에서 1992년에 스페인은 첫 올림픽인 바르셀로나 올림픽을 개최했고 같은 해 세비야 세계박람회도 개최했습니다. 그러면서 마드리드와 세비야 사이에 스페인 첫 고속철로 AVE(아페)가 개통됩니다.

그러나 1990년대 들어서 석유 가격이 폭등하여 전 세계적으로 경제가 나빠졌고 스페인의 경제 상황은 악화되었습니다. 실업률도 1991년부터 1994년 사이에 16퍼센트에서 25퍼센트까지 늘어났습니다.

또한, 이 시기에는 장기 집권을 노리던 사회노동당에서 추문이 잇달아 발생했습니다. 당 간부의 부패 사건이나, 에타에 대항하기 위해 결성된 극우 테러 조직 '반테러리즘 해방 그룹'에 자금과 정보를 제공하고 있던 것 등이 밝혀진 것입니다. 이 사건으로 사회노동당의 지지율은 급락합니다. 그 결과 1996년에 열린 총선거에서 우파인 인민당이 제1당이 되었고 14년간에 걸친 사회노동당 정권은 끝이 났습니다.

인민당 정권에서 스페인의 경제는 회복되었고 재정적자도 축소되었습니다. 그리고 1999년에는 단일 화폐인 유로의 초기 회원이 되었습니다. 인민당 정권의 정책은 높은 지지율을 얻어 순조로웠고 2004년 3월 14일의 총선거에서도 정권이 이어질 것이 확실시되었습니다.

그런데 투표 3일 전, 마드리드 열차 폭파 테러 사건이 발생합니다. 이는 미국이 주도한 이라크 전쟁에 스페인이 파병한 것을 반대하는 이슬람 과격파가 일으킨 것이었지만, 정부는 에타에 의한 범행이라고 발표했습니다. 또한 인민당 정권은 이라크 파병에 반대하는 국민의 데모를 이 테러와 연관 지어 비판하면서 비난을 받았습니다. 악재가 겹치자, 이라크에서 군대를 귀환시킨다는 공약을 내걸었던 사회노동당이 다시 정권을 잡게 됩니다. 그 후 2011년에는 인민당이, 2018년에는 사회노동당이 득세하며 교대로 정권을 잡았습니다.

한편, 이렇게 장기간 집권한 인민당과 사회노동당, 2대 정당제에 대항하여 급부상한 정당들이 있었습니다. 2008년의 리먼 사태

로 대표되는 세계적인 경제위기를 배경으로 2015년 이후, 새로운 흐름으로 보편적 기본 소득Basic Income(국민에게 정부가 정기적으로 일정 금액의 현금 지급)이나 환경 보호 등을 호소하는 좌파 포퓰리즘 정당인 포데모스Podemos가 등장했고, 2020년에는 사회노동당과 포데모스의 연립정권도 탄생했습니다. 또한, 2019년에는 극우 정당인 복스Vox가 총선거에서 의석을 획득합니다.

　스페인의 민주주의는 정착했지만, 자치주 국가의 형태에 대해서는 21세기인 지금도 스페인의 큰 과제로 남아 있습니다. 이 문제의 중심은 언제나 바스크와 카탈루냐였습니다.

　바스크의 독립을 요구하는 에타는 2006년 12월 30일에 마드리드의 바라하스 공항에서 폭파 사건을 일으키는 등, 2000년대에 들어서도 끊임없이 테러를 일으켰습니다. 그러나 2010년과 2011년에는 무장투쟁을 중지하겠다고 발표했고 2018년에 해산을 선언합니다. 하지만 바스크에는 여전히 스페인으로부터 독립을 지향하는 사람들이 꽤 남아 있습니다.

　한편 카탈루냐에서는 2010년 무렵부터 분리독립운동이 활발히

발생하고 있습니다. 2017년에는 독립 여부를 묻는 주민투표가 정부의 허가 없이 카탈루냐주에서 시행되었고, 약 90퍼센트의 사람이 독립에 찬성했습니다. 그러나 스페인 정부는 이를 인정하지 않았고 국가의 일체성을 저해하는 행위로 간주하고 카탈루냐주의 자치권을 일시 정지했습니다. 그 이후, 자치권은 회복되었으나 현재도 카탈루냐 독립 문제는 해결되지 않았습니다.

2014년에는 스페인의 민주화에 큰 역할을 한 후안 카를로스 1세가 퇴위하고 그의 아들인 펠리페 6세가 국왕이 되었습니다. 예전부터 국민에게 큰 인기가 있었던 후안 카를로스 1세였지만, 그 인기는 점차 사그라들었고, 사우디아라비아의 고속철도 건설을 둘러싸고 뇌물을 받았다는 의혹이 불거지며 아랍에미리트 연합국으로 거처를 옮겼습니다.

2020년에 신형 코로나바이러스 감염증이 전 세계적으로 유행하자 스페인에서도 많은 희생자가 나왔고, 경제적으로 큰 기둥 중 하나인 관광업도 큰 타격을 받았습니다. 그러나 그 이후 조금씩 이전의 활기를 되찾고 있습니다.

요리의 상식을 뒤엎은 셰프,
페란 아드리아

전설의 레스토랑 '엘 불리El Bulli'의 수석 셰프

페란 아드리아는 2006년부터 4년 연속 '전 세계 베스트 레스토랑 50' 중에서 1위를 차지하고 예약도 어려운 레스토랑으로 유명한 '엘 불리'에서 수석 셰프로 근무했습니다. 그는 1962년에 카탈루냐주의 로스피탈레트 데 요브레가트에서 태어났고 1984년에 '엘 불리'의 셰프로 들어왔습니다.

그의 독창성은 세계 최고의 창작자로 평가받을 정도이며 새로운 조리법과 독자적인 요리를 계속해서 창조하는 것으로 유명합니다. 그의 요리 레시피는 일반인에게도 공개되어 있습니다.

'엘 불리'는 연간 200만 건의 예약이 들어오는 등의 인기를 자랑했지만, 2011년 7월에 문을 닫았습니다. 아드리아는 2013년에 기술혁신을 위해 엘 불리 재단을 만들고 끊임없이 도전 중입니다. 과학적인 접근과 다른 분야의 요소를 가미하는 것이 21세기의 요리 발전으로 이어지리라는 생각을 갖고 있습니다.

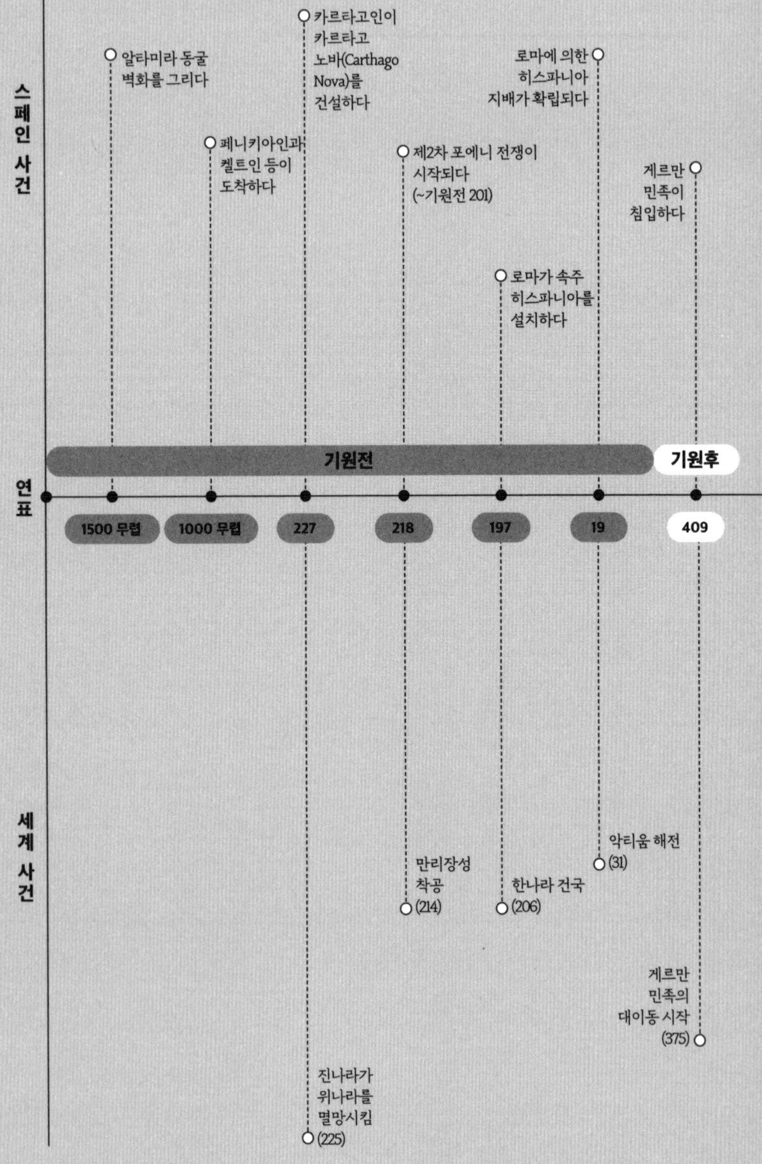
스페인사 연표
이 연표는 이 책에서 다룬 스페인사를 중심으로 만들어져 있습니다.
하단의 '세계 사건'과 함께 이해도를 높여 봅시다.
스페인 사건
카르타고인이 카르타고 노바(Carthago Nova)를 건설하다
알타미라 동굴 벽화를 그리다
로마에 의한 히스파니아 지배가 확립되다
페니키아인과 켈트인 등이 도착하다
제2차 포에니 전쟁이 시작되다 (~기원전 201)
게르만 민족이 침입하다
로마가 속주 히스파니아를 설치하다
연표
기원전
기원후
1500 무렵
1000 무렵
227
218
197
19
409
세계 사건
악티움 해전 (31)
만리장성 착공 (214)
한나라 건국 (206)
게르만 민족의 대이동 시작 (375)
진나라가 위나라를 멸망시킴 (225)

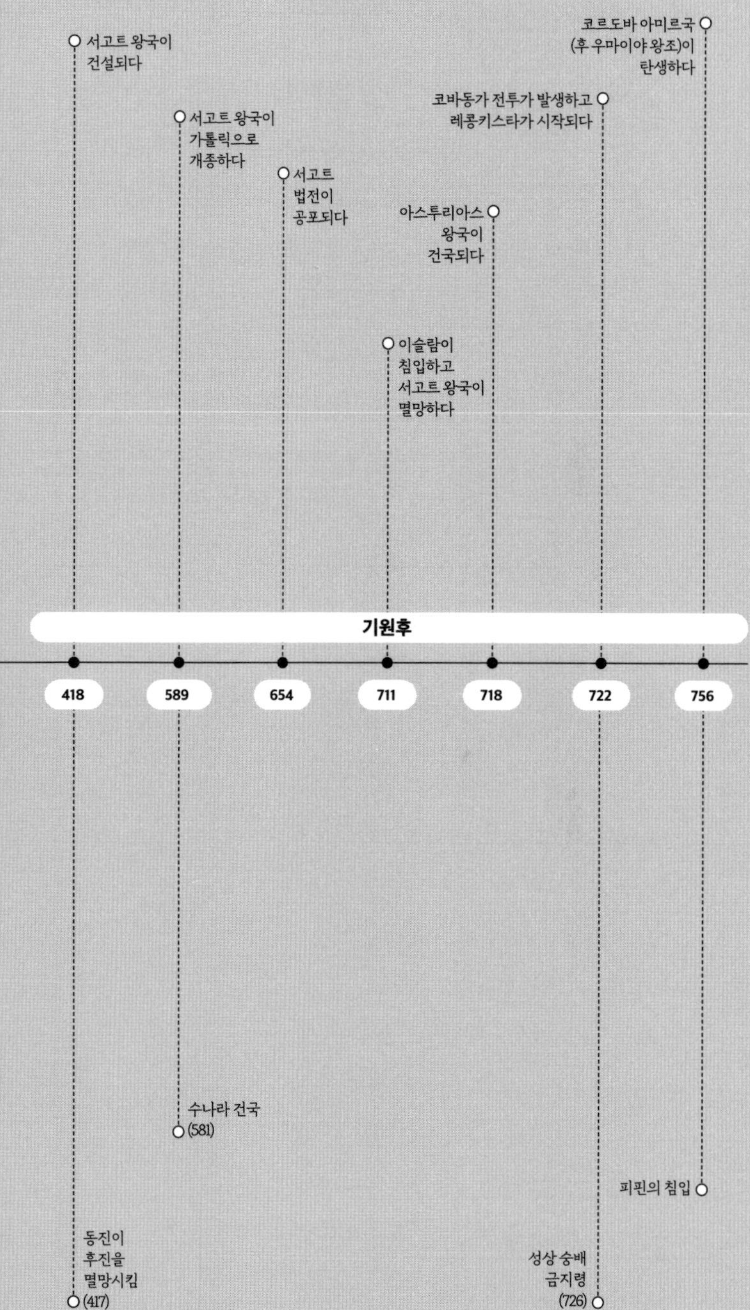

서고트 왕국이
건설되다

서고트 왕국이
가톨릭으로
개종하다

서고트
법전이
공포되다

아스투리아스
왕국이
건국되다

이슬람이
침입하고
서고트 왕국이
멸망하다

코바동가 전투가 발생하고
레콩키스타가 시작되다

코르도바 아미르국
(후 우마이야 왕조)이
탄생하다

기원후

418
589
654
711
718
722
756

수나라 건국
(581)

동진이
후진을
멸망시킴
(417)

성상 숭배
금지령
(726)

피핀의 침입

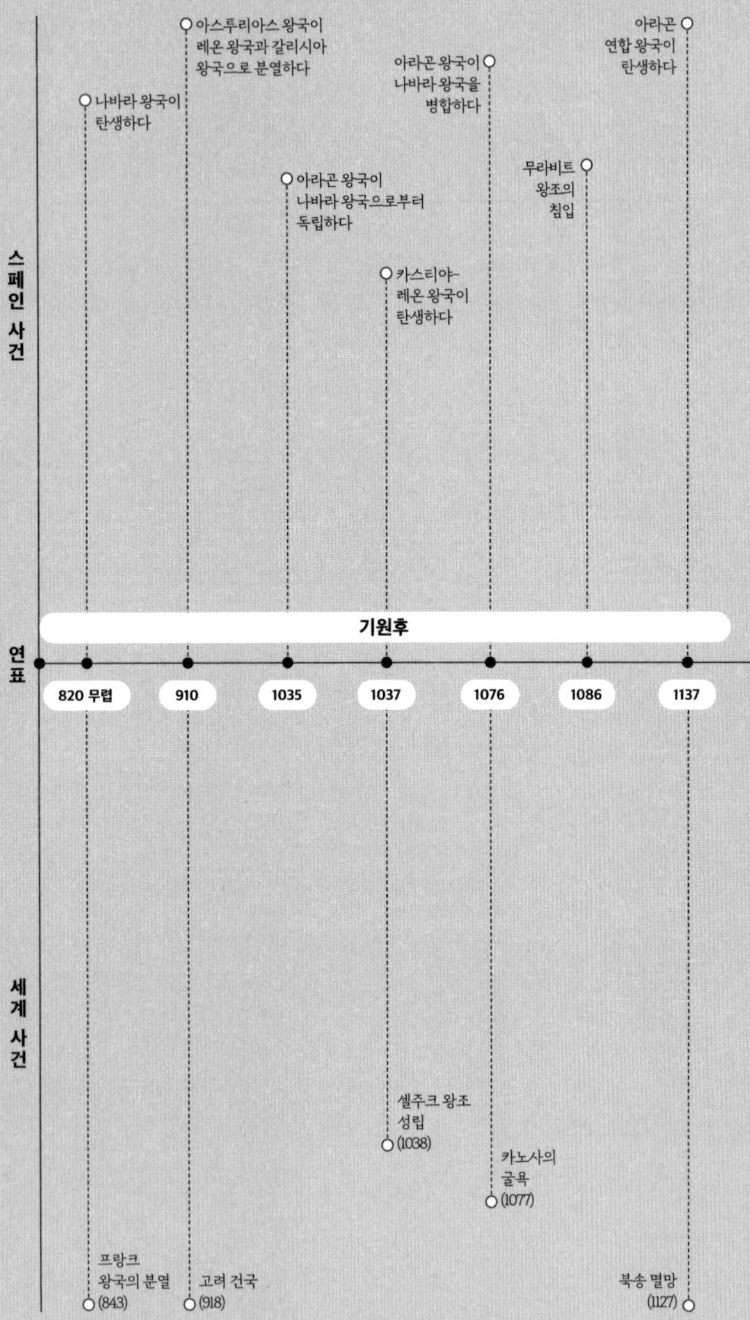

스페인 사건
나바라 왕국이 탄생하다
아스루리아스 왕국이 레온 왕국과 갈리시아 왕국으로 분열하다
아라곤 왕국이 나바라 왕국으로부터 독립하다
아라곤 왕국이 나바라 왕국을 병합하다
아라곤 연합 왕국이 탄생하다
카스티야-레온 왕국이 탄생하다
무라비트 왕조의 침입
연표
기원후
820 무렵
910
1035
1037
1076
1086
1137
세계 사건
프랑크 왕국의 분열 (843)
고려 건국 (918)
셀주크 왕조 성립 (1038)
카노사의 굴욕 (1077)
북송 멸망 (1127)

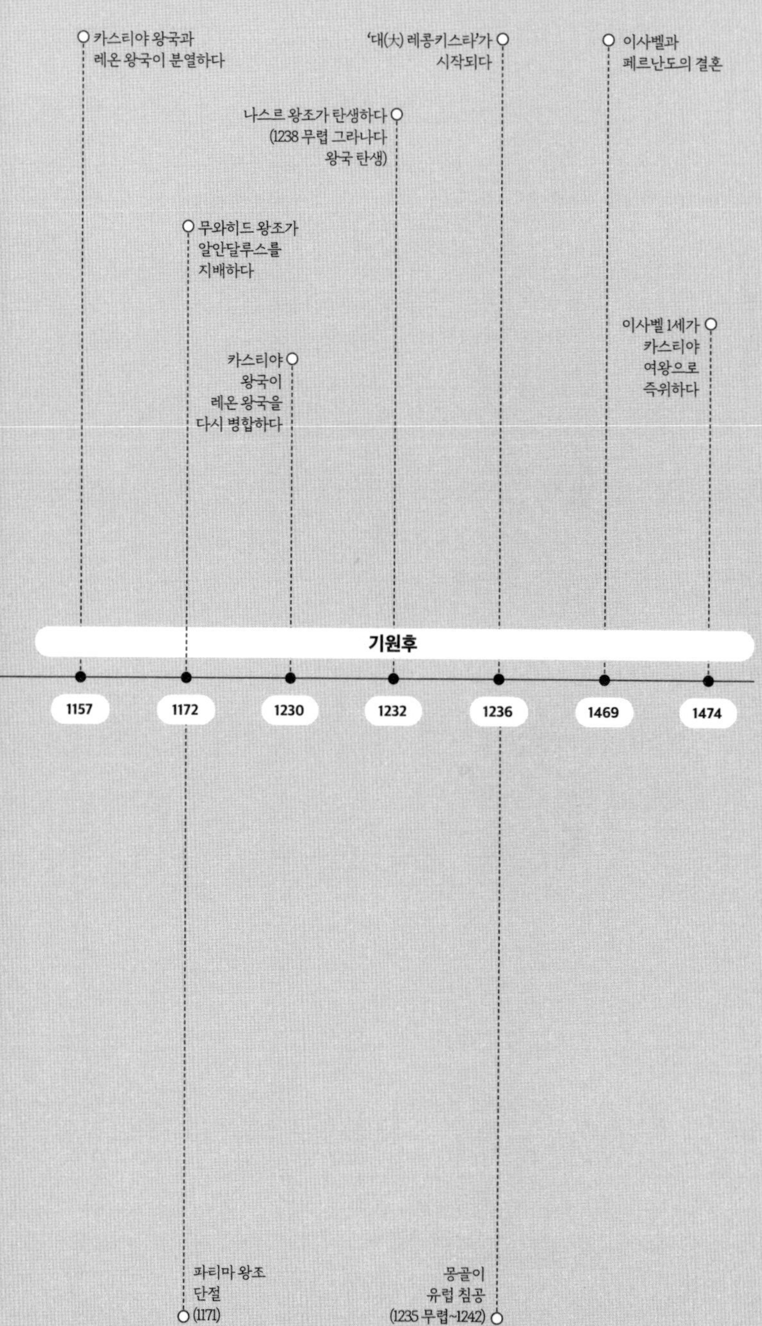

카스티야 왕국과
레온 왕국이 분열하다

'대(大) 레콩키스타'가
시작되다

이사벨과
페르난도의 결혼

나스르 왕조가 탄생하다
(1238 무렵 그라나다
왕국 탄생)

무와히드 왕조가
알안달루스를
지배하다

이사벨 1세가
카스티야
여왕으로
즉위하다

카스티야
왕국이
레온 왕국을
다시 병합하다

기원후

1157
1172
1230
1232
1236
1469
1474

파티마 왕조
단절
(1171)

몽골이
유럽 침공
(1235 무렵~1242)

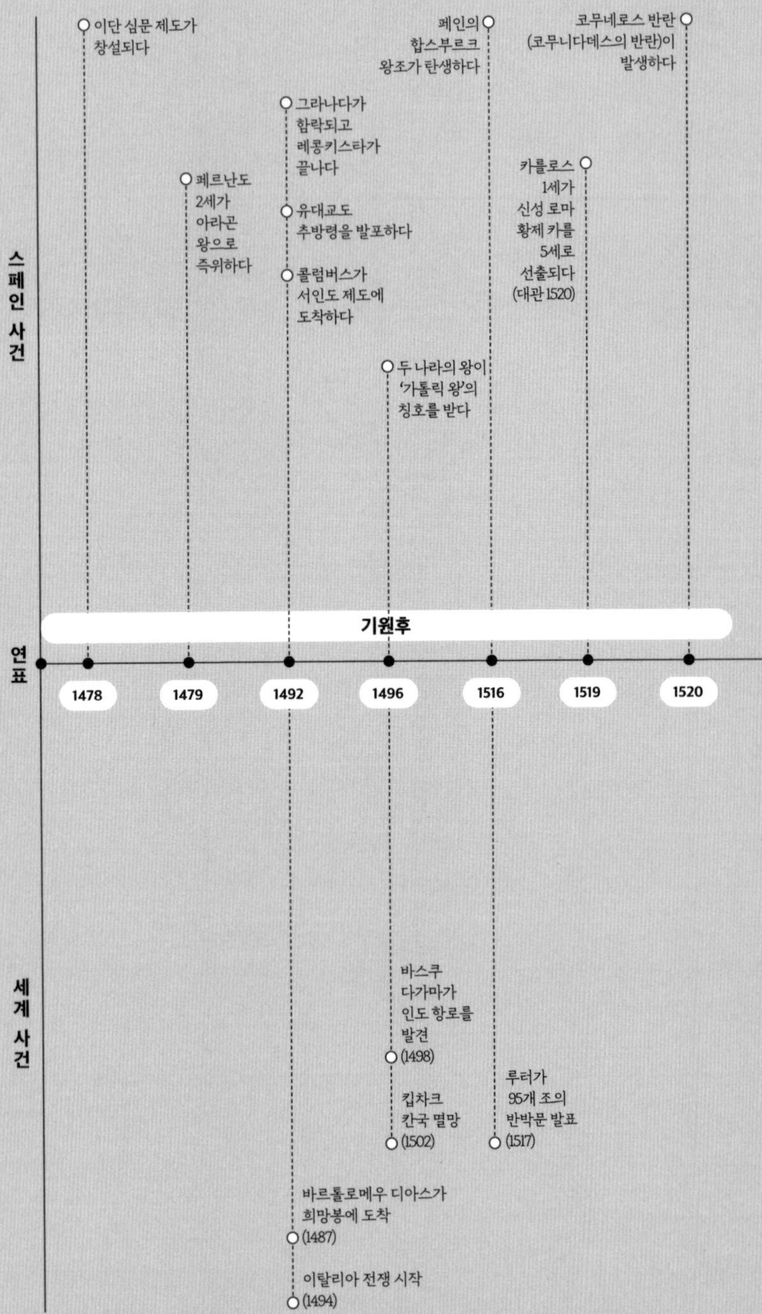

스페인 사건
이단 심문 제도가 창설되다
페르난도 2세가 아라곤 왕으로 즉위하다
그라나다가 함락되고 레콩키스타가 끝나다
유대교도 추방령을 발포하다
콜럼버스가 서인도 제도에 도착하다
두 나라의 왕이 '가톨릭 왕'의 칭호를 받다
페인의 합스부르크 왕조가 탄생하다
카를로스 1세가 신성 로마 황제 카를 5세로 선출되다 (대관 1520)
코무네로스 반란 (코무니다데스의 반란)이 발생하다
연표
기원후
1478
1479
1492
1496
1516
1519
1520
세계 사건
바스쿠 다가마가 인도 항로를 발견 (1498)
킵차크 칸국 멸망 (1502)
루터가 95개 조의 반박문 발표 (1517)
바르톨로메우 디아스가 희망봉에 도착 (1487)
이탈리아 전쟁 시작 (1494)

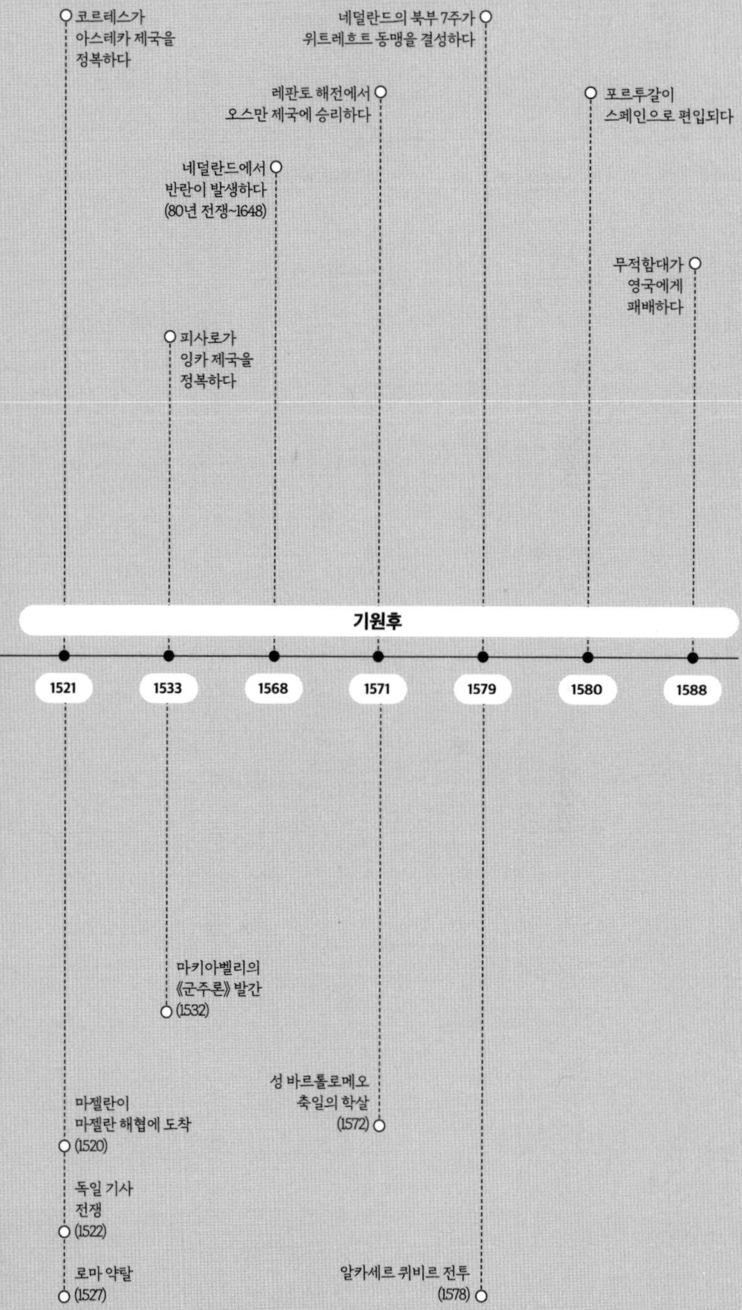

코르테스가 아스테카 제국을 정복하다
네덜란드의 북부 7주가 위트레흐트 동맹을 결성하다
레판토 해전에서 오스만 제국에 승리하다
포르투갈이 스페인으로 편입되다
네덜란드에서 반란이 발생하다 (80년 전쟁~1648)
무적함대가 영국에게 패배하다
피사로가 잉카 제국을 정복하다
기원후
1521
1533
1568
1571
1579
1580
1588
마키아벨리의 《군주론》 발간 (1532)
성 바르톨로메오 축일의 학살 (1572)
마젤란이 마젤란 해협에 도착 (1520)
독일 기사 전쟁 (1522)
로마 약탈 (1527)
알카세르 퀴비르 전투 (1578)

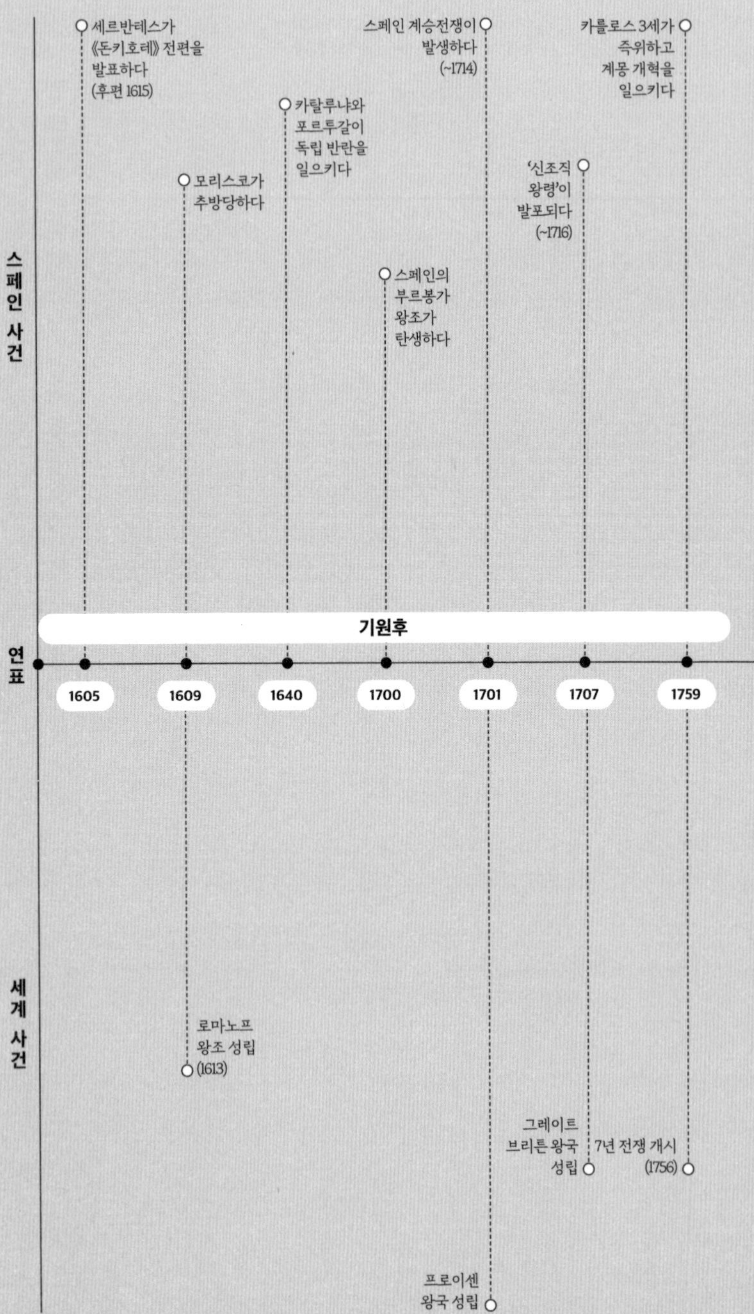

스페인 사건

세르반테스가 《돈키호테》 전편을 발표하다 (후편 1615)

모리스코가 추방당하다

카탈루냐와 포르투갈이 독립 반란을 일으키다

스페인 계승전쟁이 발생하다 (~1714)

스페인의 부르봉가 왕조가 탄생하다

'신조직 왕령'이 발포되다 (~1716)

카를로스 3세가 즉위하고 계몽 개혁을 일으키다

연표

기원후

1605
1609
1640
1700
1701
1707
1759

세계 사건

로마노프 왕조 성립 (1613)

그레이트 브리튼 왕국 성립

7년 전쟁 개시 (1756)

프로이센 왕국 성립

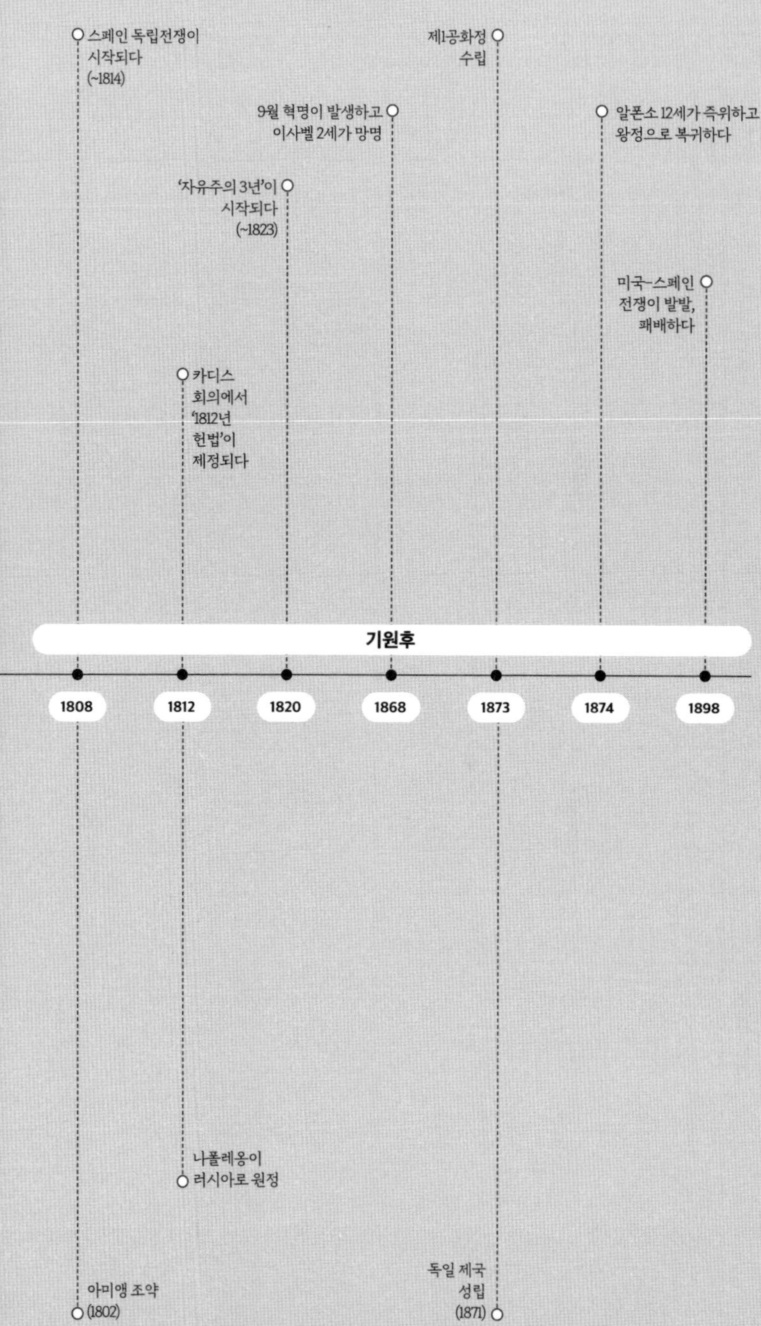
스페인 독립전쟁이
시작되다
(~1814)

제1공화정
수립

9월 혁명이 발생하고
이사벨 2세가 망명

알폰소 12세가 즉위하고
왕정으로 복귀하다

'자유주의 3년'이
시작되다
(~1823)

미국-스페인
전쟁이 발발,
패배하다

카디스
회의에서
'1812년
헌법'이
제정되다

기원후

1808
1812
1820
1868
1873
1874
1898

나폴레옹이
러시아로 원정

아미앵 조약
(1802)

독일 제국
성립
(1871)

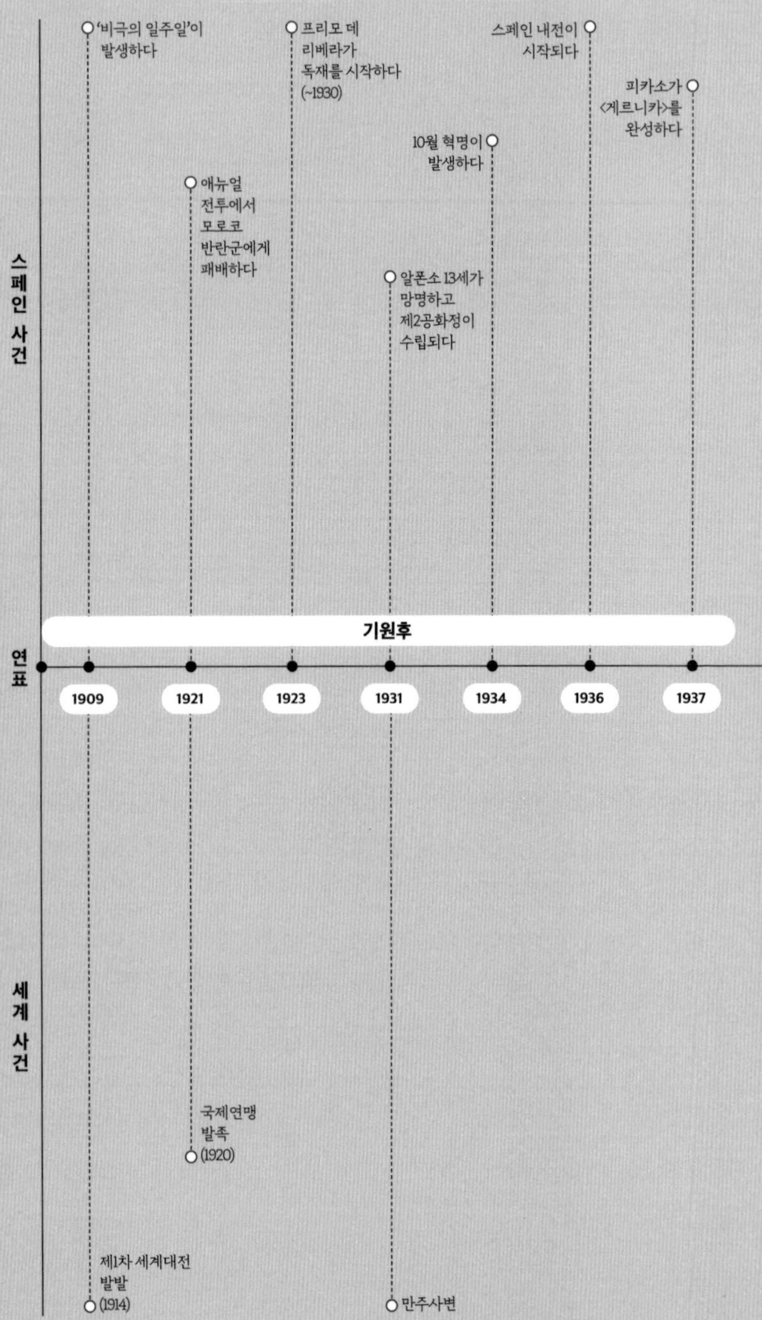

스페인 사건
연표
세계 사건
'비극의 일주일'이 발생하다
프리모 데 리베라가 독재를 시작하다 (~1930)
스페인 내전이 시작되다
피카소가 〈게르니카〉를 완성하다
10월 혁명이 발생하다
애뉴얼 전투에서 모로코 반란군에게 패배하다
알폰소 13세가 망명하고 제2공화정이 수립되다
기원후
1909
1921
1923
1931
1934
1936
1937
국제연맹 발족 (1920)
제1차 세계대전 발발 (1914)
만주사변

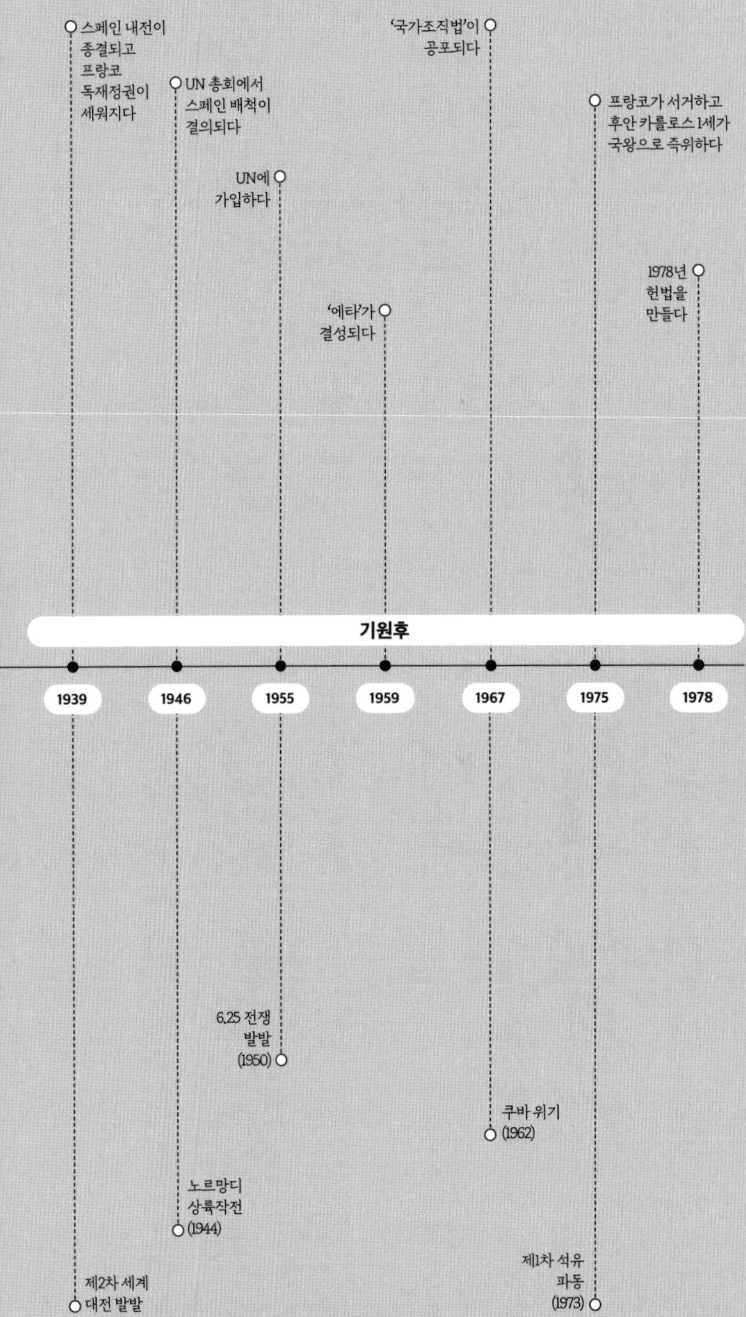

스페인 내전이 종결되고 프랑코 독재정권이 세워지다
UN 총회에서 스페인 배척이 결의되다
'국가조직법'이 공포되다
프랑코가 서거하고 후안 카를로스 1세가 국왕으로 즉위하다
UN에 가입하다
1978년 헌법을 만들다
'에타'가 결성되다
기원후
1939
1946
1955
1959
1967
1975
1978
6.25 전쟁 발발 (1950)
쿠바 위기 (1962)
노르망디 상륙작전 (1944)
제1차 석유 파동 (1973)
제2차 세계 대전 발발

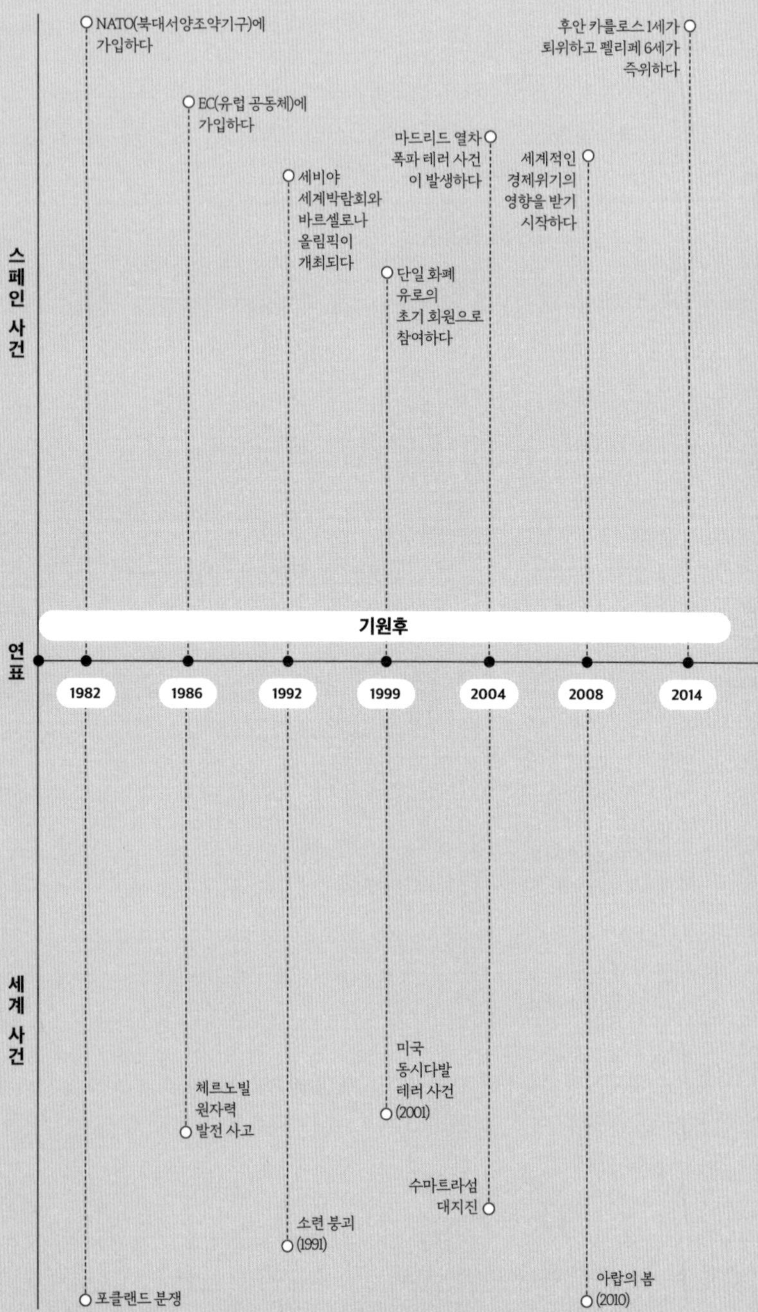

스페인 사건
NATO(북대서양조약기구)에 가입하다
EC(유럽 공동체)에 가입하다
세비야 세계박람회와 바르셀로나 올림픽이 개최되다
마드리드 열차 폭파 테러 사건이 발생하다
단일 화폐 유로의 초기 회원으로 참여하다
세계적인 경제위기의 영향을 받기 시작하다
후안 카를로스 1세가 퇴위하고 펠리페 6세가 즉위하다
기원후
연표
1982
1986
1992
1999
2004
2008
2014
세계 사건
포클랜드 분쟁
체르노빌 원자력 발전 사고
소련 붕괴 (1991)
미국 동시다발 테러 사건 (2001)
수마트라섬 대지진
아랍의 봄 (2010)

카탈루냐주의
자치권이
일시 정지되다

'에타'가
해산을
선언하다

기원후

2017

2018

신종 코로나
바이러스
유행 시작
(2020)

러시아의
우크라이나
침공
(2022)

교양 있는 여행자를 위한 내 손안의 스페인사
단숨에 읽는 스페인 역사 100장면

초판 발행 2025년 12월 22일
펴낸곳 현익출판
발행인 현호영
지은이 나가타 도모나리, 히사키 마사오
옮긴이 한세희
편 집 황현아, 이선유
디자인 강지연, 현애정
주 소 서울특별시 마포구 월드컵북로58길 10, 더팬빌딩 9층
팩 스 070.8224.4322
ISBN 979-11-94793-04-5

「一冊でわかるスペイン史」
ISSATSU DE WAKARU SPAIN SHI
© 2021 TOMONARI NAGATA / MASAO HISAKI
Illustration by suwakaho
All rights reserved.

Original Japanese edition published in 2021 by KAWADE SHOBO SHINSHA Ltd. Publishers
Korean translation rights arranged with KAWADE SHOBO SHINSHA Ltd. Publishers through
Eric Yang Agency, Inc.

⟨Edit, Organization⟩
ZOU JIMUSHO
⟨Book Design⟩
Yoshikuni Inoue(yockdesign)
⟨Text⟩
Yuhei Oto, Kazuyasu Hayashi, Momoko Kawano, Ikki Naraku

* 현익출판은 골드스미스 출판그룹의 일반 단행본 출판 브랜드입니다.

* 출판사의 허가 없이 본 도서를 편집 또는 재구성할 수 없습니다.

* 잘못 만든 책은 구입하신 서점에서 바꿔 드립니다.

> 좋은 아이디어와 제안이 있으시면 출판을 통해 가치를 나누시길 바랍니다.
> uxreviewkorea@gmail.com